张静吾——著

张宏锦 张宏改 任德东——编

九十年沧桑

JIUSHI NIAN

CANGSANG

群言出版社

QUNYAN PRESS

·北京·

图书在版编目（CIP）数据

九十年沧桑 / 张静吾著；张宏锦，张宏改，任德东编 . -- 北京：群言出版社，2024.9（2025.9 重印）
（民盟历史文献）
ISBN 978-7-5193-0942-8

Ⅰ. ①九… Ⅱ. ①张… ②张… ③张… ④任… Ⅲ. ①张静吾－自传 Ⅳ. ①K826.2

中国国家版本馆 CIP 数据核字（2024）第 089755 号

策划编辑：孙平平
责任编辑：孙平平　宋盈锡
封面设计：逸品书装设计

出版发行　群言出版社
地　　址：北京市东城区东厂胡同北巷 1 号（100006）
网　　址：www.qypublish.com（官网书城）
电子信箱：qunyancbs@126.com
联系电话：010-65267783　65263836
法律顾问：北京法政安邦律师事务所
经　　销：全国新华书店

印　　刷：北京九天万卷文化科技有限公司
版　　次：2024 年 9 月第 1 版
印　　次：2025 年 9 月第 2 次印刷
开　　本：710mm×1000mm　　1/16
印　　张：18.5
字　　数：215 千字
书　　号：ISBN 978-7-5193-0942-8
定　　价：98.00 元

献给

父亲张静吾诞辰 124 周年

清末民初时期的张静吾

张静吾故居位于巩义市站街镇北瑶湾村的北沟 2 组，坐北向南，清朝建筑，砖木结构。有窑洞 5 孔，房屋 15 间，占地约 1500 平方米。院落三进式形式，前有门楼、过厅，中有堂屋、厢房，后有宅院、窑洞。现为站街敬老院暂用，入住 9 位老人

张静吾故居

　　张静吾的父亲张镜明，号雯若，族中排辈名张清川。清末秀才，20世纪初被选为官费留学日本东京文学院师范科。辛亥革命中曾大力支持刘镇华。曾任兰封县（现兰考县）知事。从事河南教育事业，在孔学台主持下策划河南省中小学教育

张静吾兄长张长庚，字耀西，1921 年毕业于北京大学法科。毕业后在河南建设厅供职，后在河南省政府做秘书。其妻刘清华为刘茂恩之妹

20 世纪 50 年代张耀西之妻刘清华与长子张宏毅、儿媳赵家岭、长孙在中国台湾家中合影

张静吾之兄张耀西与北京大学朋友摄于开封古吹台，中排左三为张耀西

张静吾，1924 年元旦摄于德国哥廷根大学

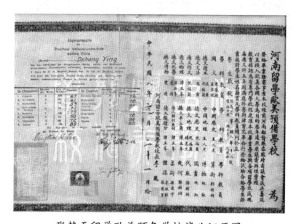

张静吾留学欧美预备学校毕业证原图

五卅惨案发生后，德国哥廷根大学的中国学生开会谴责帝国主义，会后合影。前排：右一黄仲强，右二郑肃恭，右三奉赋京，右四朱德，右五贺智华，右六荷兰人（姓名未考），右七魏时珍，右八华侨（姓名未详），右九赵之芳，右一孙炳文，右五张静吾，右五王毅斋，右六王毅斋；后排：右一房师亮，右一许文漾，右二郭鑫斋（郭鑫斋），右四谢玉晋，右十一许勤

在德国留学期间与同学一起打网球，中间者为张静吾

在德国留学期间与同学娱乐，右二为张静吾

在德国留学期间与同学郊游，前排右一为张静吾

1925年在德国留学期间郊游，右为张静吾，中为鲁循然（河南留欧美预备学校毕业，冶金学博士，新中国成立后任冶金部总工程师），左为王毅斋（经济学博士，河南大学教授，河南省原副省长）

在德国与老师尼弗兰合影（尼弗兰是河南留学欧美预备学校的德文老师），右一为张静吾，左一为郭垚

1923年在沈毓真（吉林辽源人，留德医学博士，外科专家）的房东家，前排左起：房东二小姐、张静吾、老房东、刘茂寅、于锡恩；后排左起：沈毓真、房东大女儿、房东老太太、郭鑫斋

在德国慕尼黑与同学聚会，自右起第五人站立者为张静吾

德国留学同学武剑西（左）和邢子桢即徐冰（右）合影，武剑西和徐冰是共产党早期的无产阶级革命家

五卅惨案发生后，德国哥廷根大学的部分中国学生和一些德国共产党员上街散发传单时合影。右一房师亮，右二武剑西，右四程其英，右五德国人（姓名未考），右六德国人 Frank，右七张静吾，右八谢五晋，右九孙炳文，右十德国人 Barluch，右十一阎仲养

张静吾于 1923 年在德国俾斯麦纪念堡留影

张静吾于 1923 年在德国哥廷根大学骑车留影

留德期间张静吾与房东夫妇的合影

在德国留学时期与同学的合影，右一为武剑西，右二为刘茂寅，右四为张静吾，右五为刘献捷，右七为王毅斋，右八为郭垚

在德国留学时期与同学的合影，左二为张静吾

在德国留学时期与同学的合影，摄于哥廷根，自左始：阎仲彝、张静吾、郭垚、鲁章浦（字斐然，留德医学博士，河南大学医学院病理学创始人，河大医学院院长）

在德国留学时期与同学的合影，自左始：刘茂寅、张静吾、鲁循然、刘献捷

德国留学期间与孙炳文合影，站立者为张静吾

青年张静吾

张静吾于 1926 年获德国哥廷根大学医学博士学位

张静吾前妻吴芝蕙

张静吾在北京德国医院任医
师期间与吴芝蕙结婚合影

1933年摄于河北大学医学院礼堂，后排：左一张静吾，左二李斌京，左三上官悟尘

1933年端阳节与河北医学院同仁摄于保定，后排右起：李文轩、赵孝博、杨行泽、殷希鹏、张静吾、张鉴民、贺向初；前排右起：周镇三、秦正之、马馥庭、高汉符、张冲霄、刘潜夫

1944年，河南大学医学院师生流亡在陕西北部，张建（右一，国民政府军医署署长）一行到陕西看望张静吾（左一）

1936年春教育部医学教育委员会在南京开会，会后合影。前排：左一齐清心，左二尹莘农，左三黄鼎臣，左五翁之龙，中排：左一张静吾，左二颜福庆，左三郭琦元，左五李宣果；后排：左三梁之彦

国立同济大学医学院学期考课典礼

由同济大学医学院教授张静吾(前左十)、李宣果(前左十二)分别担任院长的军政部军医署第五重伤医院、中国红十字会第一重伤医院，和迁至吉安的同济大学医学院合作办学(医)。图为1938年3月28日国立同济大学医学院迁赣开课典礼，摄于吉安，前左十一为同济大学校长翁之龙，照片由同济大学校史馆辛华明提供。

由于淞沪抗战期间，学院迁赣开课典礼，摄于吉安，前左十一为同济大学校长翁之龙，照片由同济大学校史馆辛华明提供。

抗战时期，在安顺军医学校合影。中排：右一徐鹤皋，右二张静吾，右三朱师晦；后排：右二郭元瀛

1940年7月贵州省安顺棂星门前合影，前排右二是张静吾，前排左一是眼科主任陈任

抗战胜利后，与西安内科医师合影，前排左一为张静吾

袪除煩惱須無我
歷盡艱難好作人

靜吾先生正之 書奉

抗战期间一朋友赠予张静吾的楹联，挂于卧室，常以此自勉

张静吾与河医神经科医师及护士合影，右三为张静吾

1948 年张静吾与母亲、妻子、兄长及侄子、侄女、长子合影于开封游梁祠家中（现为开封名人故居）

张静吾之妻毋爱荣年轻时期的照片

青年毋爱荣

在黄浦江之滨，毋爱荣与之江大学的校友合影，前排左一为毋爱荣

河南大学医学院全体教职员及第二届毕业同学联欢纪念合影，前排右九为张静吾

国立河南医学院第四十届毕业合影五卅

张静吾与河大医学院十四届毕业生合影，前排左一为毕爱荣，左四为张静吾

1946 年张静吾与毋爱荣的订婚照

张静吾与毋爱荣结婚时与亲友合影

1947年张静吾与毋爱荣的结婚照

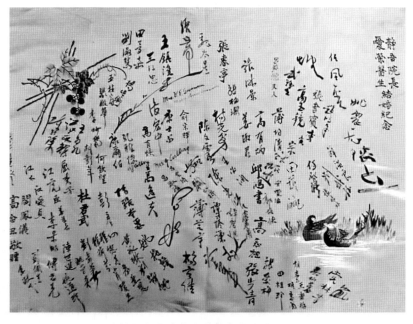

张静吾与毋爱荣结婚时贵宾的签名绸缎

张静吾之妻毋爱荣

1946 年张静吾之妻毋爱荣摄于汉口

1946 年张静吾与毋爱荣摄于汉口

1955年张静吾与妻毋爱荣摄于开封

1963年张静吾与妻毋爱荣摄于北京

1948 年张静吾初得儿子

1948 年张静吾和妻子毋爱荣、长子张宏时与母亲合影于开封家中

20 世纪 50 年代张静吾夫妇与三个子女

20 世纪 50 年代张静吾夫妇与长子张宏时、长女张宏锦

张静吾的三个子女与四侄张宏中　　　1958年夭折的张静吾的小儿子张宏建

20世纪60年代初张静吾夫妇与三个子女

20世纪50年代张静吾一家与二侄张宏任（后左一）、四侄张宏中（前右一）摄于开封龙亭

张静吾的堂兄张长裕与全家合影

张长裕与孩子们合影，后排左二为著名数学家张筑生

20 世纪 80 年代张静吾、毋爱荣夫妇与子女、侄子、外甥及孙辈等的合影

张静吾的外甥李明鉴（右二）、李明鉴的太太赵逸芳（右三）和子女们的合影

20世纪50年代与河南医学院同仁在开封铁塔合影，自左始：李明俊、卢长山、孙生桂、张静吾、徐鹤皋

20世纪50年代与河南医学院同仁在开封龙亭合影，自左始：徐鹤皋、张静吾、孙生桂、卢长山、李明俊

1947 年，张静吾（后排右二）与居留南京的河大校友合影，欢送学生丁宝泉（一排右二）赴瑞士留学。合影的校友还有：高荣谦（后排右一），郑铢（后排右二），李元琛（前排右三），朱秀五（前排右一），雷崇英（前排左一）等

1954年毋爱荣在上海进修时与同事合影。后排右始为毋爱荣、冯宁彬、张立志；前排右始为高履勋、颖超、吴玉平

20世纪60年代中期参加省卫生厅组织的专家医疗队在农村巡回医疗。前排左二毋爱荣，左三徐家兰，左四王爱果；中排左一董民声，左二段芳龄；后排左三杜葆林，左四耿华亭，左五吴增田

静觀百病無遁情
吾心惟願濟蒼生
老驥伏櫪懷千里
伯翁馳譽滿二京
八秩文魁古梁顥
一代醫宗令張公
壽期嵩陽將軍柏
辰夕親炙沐高風

恭賀靜吾老伯八一壽辰
齊心撰詞
世愚姪張景捷撰詞
張景歧沐手拜書

贺张静吾先生八一寿辰书法作品。撰文：张景捷（中医内科副主任医师），书法：
张景歧（省职工大学教授，书法家），兄弟二人为张静吾世侄

1935 年张静吾（时任河南大学医学院院长）为学生颁发的毕业证

中華人民共和國國務院

任 命 書

任 命 張 静 吾 为 河
南 医 学 院 副 院 長

总 理 周恩来

1 9 5 6 年 11 月 16 日

第 5731 号

1956年国务院颁发给张静吾的任命书

20世纪80年代，张静吾与上官悟尘（辛亥革命老人，曾为孙中山先生的保健医生，寿103岁）合影于北京颐和园，右为上官悟尘，左为张静吾

1978 年夏张静吾会见自己的学生美籍华裔著名医生韩诚信夫妇

张静吾与韩诚信夫妇在河南医学院会议室交谈

右派平反后，省政协组织参观葛洲坝，在汉阳古琴台合影。前排：左二为张静吾，右一为时任省政协副主席段宗三；后排：左二为张靖

葛洲坝之行合影，二排左二为张静吾

河南医科大学建校60周年校庆（图）念
医二十一期毕业32周年班

一九八八年
九月二九日

1988 年河南医科大学 60 周年校庆合影。前排右起：一名炯、五吴国桢、六丁宝泉、七杜百廉、八张静、九童静吾、民声、十徐云五、十一王伯欧、十二曲本钤、十三苏寿沠、十四钱芳

20世纪80年代美国信义会文牧师之子小文牧师拜访毋爱荣时的合影，右为小文牧师，中间为毋爱荣，左为张宏时

20世纪80年代张静吾夫妇与自己的学生魏太星（左一）、韩诚信（左二）、王庭桢（左四）合影，右一为张宏中

河南医科大学为张静吾九十寿辰举行的庆祝活动

张静吾九十寿辰时将河南医科大学赠送的生日蛋糕转送给幼儿园

张静吾在九十寿辰庆祝会上讲话

张静吾九十寿辰与夫人毋爱荣合影

张静吾九十寿辰时其大侄、五侄自中国台湾赴郑探亲时全家合影。中排右二为大侄张宏毅，右五为大侄媳赵家岭，后排右三为五侄张宏远

张静吾九十寿辰与夫人和三个子女合影

张静吾的学生张效房(后站立致辞者)、王庭桢(前排左一)、魏太星(前排右一)在老师93岁生日宴会上

张静吾之子张宏时一家与父母

1990年张静吾夫妇与大女儿张宏锦、大女婿任德东在郑州人民公园合影

张静吾长女张宏锦一家与父母

张静吾夫妇与四侄张宏中一家

张静吾次女张宏改（本书编者之一）一家

张宏锦（本书编者之一）摄于洛杉矶

张宏锦（本书编者之一）摄于洛杉矶

张宏锦和任德东（本书编者之一）

张静吾的堂弟张长年在西安的全家合影，第一排右三为张长年

晚年时期的张静吾

张静吾夫妇 1982 年摄于黄山温泉

晚年时期的毋爱荣

20 世纪 90 年代初张静吾夫妇摄于家中

1997年著名画家谢瑞阶（右）到家中探望张静吾

张静吾与毋信喜（毋爱荣大弟）和外教在家中畅饮

张静吾夫妇摄于家中

毋爱荣与弟弟毋望远合影

张静吾北戴河抒怀"长寿可以傲王侯"

张静吾历经沧桑的 90 岁照

张静吾 90 岁伏案疾书

张静吾先生塑像（郑州大学医学院校园内，摄于 2020 年 8 月）

序
历经磨难终不悔

　　第一次听到张静吾先生的名字,是在先父李秉德给我们讲述抗日战争最艰难时期,我家随河南大学搬迁逃难及我出生故事的时候。

　　1944年5月9日,日寇突然占领河南嵩县的潭头镇,已搬迁至此五年的河南大学仓促撤离,遭受了惨重的人员伤亡和财产损失。潭头陷落后的几天,在河大教育系任教的父亲忽遇头缠绷带的农学院院长王直青,得知那天他和医学院院长张静吾同一些师生、家属被日军俘虏并虐待,他二人分别趁敌人不备,冒死跳下路边的深山沟,也都侥幸被半山的树枝挡住而"捡回一条命"。但张静吾先生的妻子、表弟等四位家属和多位师生被日寇残忍杀害。这时河大绝大部分师生都已向南从潭头经重渡翻越伏牛山走了,我母亲怀着我即将临盆,我家只得在重渡几里外的关沟住下。张静吾的同事、医学院教授朱德明和产科名医倪桐岗夫妇,情愿放弃随大队伍安全南撤,留下和我们一起。倪大夫说:"作为一个产科大夫,我不能撇下一个快临盆的产妇不管。"得她护佑,在山林中临时搭起的草庵中,母亲生下我。十几天后,两家即开始了翻山越岭向河大新校址荆紫关的长途跋涉。

　　抗战期间中国多所大学南迁西迁,唯有河大的搬迁最曲折艰难、损失惨重。静吾先生书中对这段经历有详尽的记述,从中可以看出这段历史凝结了众多河大人生命血泪的交集,透射出他们的人性风骨和

1

家国情怀,贯穿着他们在极端困苦下对教育救国的不懈坚持,也折射出当时中国的城乡社会、人文风气、国家治理以及军事、经济等方面的实际状况。

走近张静吾先生,感到很亲切。他不仅具有高校盟员前辈的"标配":五十年代入盟、名教授大专家、任院校领导和民盟组织的领导等等,而且更具有那一辈盟员"大先生"们所特有的精彩而蹉跎的个人经历、强大的内心世界,以及深厚学养、高尚品德和人格魅力。

合上书本,一位鲜活亲切又令人起敬的老一辈优秀知识分子的形象浮现在我眼前。而在他身旁,又浮现出诸多耳熟能详的老先生形象。这是一个群体,张静吾先生作为其中的一个样本,生动地体现出这一辈中国知识分子的一些共同特点。

他们一生历经各种动乱和战火,却为科学和教育救国奋斗不息。他们历经后人难以想象的挫折和磨难,也因此历练出后人难以企及的人格高度。他们以教育和科学报国利民的初衷,终生不改。

他们学贯中西。历史机缘下,中国传统文化和西方现代文明的双重滋养,培育出独特的一代可称为"先生"的知识分子。时代给予他们丰厚的学养、充实的人格、宽阔的眼界和忘我的胸怀,使他们在顺境和逆境中都始终绽放出人性的善与美。

他们有惊人的韧性。在求学成长和工作奉献的一生中,他们曾受益于科学文化百花绽放时的滋养,又历经各种莫名劫难。遭遇不堪的人生"过山车"之后,他们晚年奋力追回失去的时间,在教育和科学的岗位上燃放生命最后的热和光。

他们的名字已镌刻入各自行业、地方和相关组织、机构的现代历史。处在中国现代科学教育百科初创和现代文化科教体制萌芽时期,他们是各行各业的先驱。自然地,全国或地方可以冠以"现代"的众多"第一个"(如学校、医院、学科、教材、理论、基地等等)都离不开他们开创性的贡献。如果写中国现代文明史,注定是绕不开这一代知识分子的。

　　这本书内容丰富、涉及面广、纪实详细、故事性强，因而不仅读起来引人入胜，而且具有珍贵的史料价值和学术价值。由于作者独特的家庭出身、社会关系和复杂经历，以及身处特殊历史时期中的特殊地位，使其本人亲历和知晓涉及从军政高层至社会底层的诸多历史事件。作者对这些史实的详尽回忆记录，无疑为了解和研究河南地方史、辛亥革命史、中国教育史（尤其是医学教育史）、留学生史（尤其是早期赴日、德者）、河南大学及同济、河北、安顺三所医学院校的校史，以及研究近代中国社会和知识分子等，都提供了丰富的一手资料，以及有价值的依据和参考。对于普通读者，也可以在这位温厚长者的引领下，走进历史、经历故事、了解社情、认识人性，享受一段开阔视界、启迪思考的惬意阅读旅程。

全国人大常委会原委员
民盟中央原副主席　李重庵

2024 年 5 月 20 日于北京

前　言

　　父亲张静吾出生于20世纪初，逝世于20世纪末。他的一生横跨了几乎整整一个世纪，从清朝末年、辛亥革命、第一次世界大战到抗日战争、中华人民共和国成立、社会主义现代化建设、改革开放。父亲在90岁那年写下了他人生的感慨——《九十年沧桑》。

　　作为20世纪初期中国屈指可数的留德医学博士、北京德国医院第一位中国医生、国民政府第五重伤医院院长、四家医学院附属医院院长及河南医学院的创始人，父亲的一生是平凡的又是卓越的！不少熟悉父亲医学生涯及仰慕他的医德、人格的朋友都力荐我把父亲生前的文章、自传及相关资料编辑成书，以此激励后人，发扬他科学救国、为振兴医学而奋斗终生、锲而不舍的精神。

　　父亲活了98岁，人称寿星，他却常常感叹人生的短暂。他力争把人生的每一个阶段都活得充实而无悔。

　　20世纪初，年轻好学的父亲东渡日本，西赴德国，刻苦钻研医学。26岁时他以广博精深的答辩获德国哥廷根大学医学博士学位（MD&PHD），振奋了当时留学的青年学生，为国人争了光。当时国际著名的神经科专家Schultz因为他才智超群执意留他做助教。这在当时人们看来是前途无量、求之不得的工作，然而他报国的强烈心愿驱使他毅然回到祖国。在哥廷根大学医学院院长的推荐下，他成为北京

1

德国医院(现北京医院)当时第一位且唯一的中国医师。

回国后,父亲目睹了当时中国的贫穷、医学的落后和列强的歧视,深感仅仅作为一位治病救人的医生已无法改变这一社会状况。于是他立志从事医学教育,提高中国人的医学知识和医疗水平,决定接受聘请到河北医学院任教授,并开始来往于河北医学院与河南大学之间,以高瞻远瞩的眼光奔走、游说,力陈在河南大学开设医学专科(即河南大学医学院的前身)的必要性。这一建议之实施,开拓了河南省西医教育之先河。终于河南大学有了自己的医学院——于1928年创建了河南大学医学院。

当时知识、阅历都已丰富的父亲开始为河南大学医学院的完善和发展尽心尽力。1934年父亲任河南大学医学院院长,制定了河南大学医学院院训、教育准则和发展规划。在大家的共同努力下,河大医学院迅速发展,教学、医疗、学生实习逐渐纳入正轨,各方面情况进入全国同类院校前列。之后他又应上海同济大学校长之聘,与同仁一起,欲将同济大学医学院办成全国医学教育中心。然而抗日战争的爆发改变了父亲的计划。为增加战时救死扶伤的力量,父亲以上海同济大学医学院名义承办国民政府军政部第五重伤医院并被任命为院长。随着战势进展,父亲又应国民政府军医学校教育长张建之邀,赴贵州安顺军医学校(国防医学院前身)任内科主任教官兼附属医院院长,继续尽他战时救死扶伤之义务。1943年春天,已迁至嵩县的河南大学医学院电邀父亲回河大医学院主持工作。多年奔波在外,父亲时常惦念家乡医学的发展。于是他坚辞各职,回到河南大学医学院嵩县临时所在地,任内科教授兼医学院院长。当时河大医学院职工和学生们数千人沿途十几里路欢迎之,轰动了当地,使他深为感动!

然而正当父亲在后方鼓励师生振奋精神,改进教学、改善医疗条件期间,日寇进攻了洛阳并逼近嵩县。父亲及家眷和部分学生突遭日寇袭击,致使妻死侄儿伤,部分学生遇难,自己也奋身跳崖,虎口余生,宁死不愿被日寇所辱，表现了一个中国人的民族气节。

1949 年新中国成立前夕，有关人士已为父亲买好了去中国台湾的机票，但他想到了河大医学院的师生、自己的医学事业、自己的祖国与故乡，便拒绝赴台，毅然留了下来。

1949 年 6 月，父亲与河大师生由苏州返回开封，被周恩来总理任命为河南大学医学院附属医院院长。1956 年被任命为河南医学院副院长。为使河大医学院成为全国一流学院，父亲亲自南下至上海、江浙等地，聘请知名教授学者到医学院任教，又向上海医学院和同济医学院借聘了几位教授，从而为河南医学教育的发展提供了重要师资条件，打下坚实基础。

1957 年，作为当时河南医学界的中心人物，父亲遇到了一生中最大的挫折。在百废待兴的新中国初建时期，他一心想把医学院办成业务一流、设备一流的意向遭到当时有官僚作风、不懂业务的某位领导的阻碍。身为院长和知识分子代表，父亲坦诚建言"民主办校""教授参与治校"等观点。风云突变，性情耿直的父亲本来是作为贵宾被省委请去提意见的，不消数日，突然成为医学院乃至全省的批判斗争对象。不知当时父亲是如何渡过人生这一难关的。一个有着一身正气的学术权威的他，一个不遗余力、兢兢业业为医学贡献一切的他，一个满腔热忱报效国家民族的他，突然间成了众矢之的，所有的污水一起向他泼来，使得他的同仁都不得不声称与他"划清界限"。他承受了常人难以承受的屈辱。

但父亲没有被狂风暴雨击倒。他被剥夺了从事医学教育和管理的权力，可他还有一身的学问、过人的精力和热忱为民众服务的心。在其后的日子里，他全身心投入对神经病学的研究和临床治疗之中，开设了河南医学院神经科，从而以他丰富的医学知识继续为民众服务。记得父亲在神经科门诊工作时，尽管许多人都知道他是医学界的"大右派"，而他门外候诊的病人永远都是排着长队，人们急切盼望得到他的诊治。在我的记忆中,他从未按时下过班。这种以"一技之长"继续为百姓做事的境况宽慰了他遭受不公正待遇的郁闷之心,更拓宽了他的胸怀。直到1978年他才得以平反。

父亲的卧室里挂着一副对联,"欲除烦恼须无我,历尽艰难好做人",这是他博大胸襟的写照,也是他作为一个神经科医生常告诫病人的话语。他常说,自己的事小而国家的事大,只要国家振兴,自己受点委屈不算什么。

正是这种胸怀让他挺过了一次次的挫折和漫长的艰难岁月。父亲由此感叹"长寿可以傲王侯"。

"右派"平反后,父亲已近80高龄,他像久被压抑的火山,热力再一次爆发出来!常以曹操的名言"老骥伏枥,志在千里;烈士暮年,壮心不已"激励自己。82岁时伏案翻译出版了德文医学著作《神经内科学》《神经病学》,还多次在省政协和省民盟举办的民主人士大会上,直言针砭社会之弊病,提出各种合理化建议。恢复医学院院长职务后,他不顾年老体迈,积极为医学院的改革、发展提出了许多中肯而切实可行的规划与设想。

父亲的一生是求知奋斗的一生,学海无涯,终生不悔;是爱国的一生,赤心报国,为国家、民族牺牲个人的一切;是正直而诚实的一生,坦荡直言,宁玉碎而不瓦全;更是鞠躬尽瘁的一生,为医学事业问心无愧地奉献了他的全部,直至生命的蜡烛燃尽。在父亲诞辰124周年之际,我把他的《九十年沧桑》奉献给大家,希望从中引发读者对人生和人性至善至美的探索。

张宏锦
2024年于美国洛杉矶

目 录

河边垂柳知春早，高山劲松能傲寒。

俯仰万物皆更新，满腹沧桑谁共言。

　　这四句韵语，是我1984年春季在河边散步时一时感怀所谓。只缘我身历清王朝、中华民国和中华人民共和国三个时代，一生饱经忧患，一直等到晚年打倒"四人帮"后才得以幸度晚年。一生学习、生活、工作和思想各方面皆与社会变迁息息相关。又想到我家晚辈散处四方，其中有的多年甚或数十年不获一见，家族中现以我年事最高，我有责任把我家往事和我的一生经历择要记述下来，以备晚辈了解。以上是我动笔写回忆录的最初动机。后来，《河南文史资料》编辑部的同志得知此事，与我商量将它发表。我本来想，一生道路坎坷，学问事业两无所成，没有发表的价值。可编辑部的同志一再催索，盛情难却，便将回忆录粗略地加以增删，并结合先前那四句顺口溜取了现在这个题目。

一、我的家族

我家祖先原住在黄河北岸温县的西流石村。据说是以水运为业。我叔祖曾到该村续过家谱,现在该村多数仍是姓张的。我家迁过黄河,住在巩县兴仁沟。此沟位于洛河入黄河之口的东边,村口即是洛河东西渡口。至于何时由温迁巩,现在已无法说清楚了。估计约有二百多年了。据说迁巩后仍以水运为业。当时既无火车,更无轮船,水上交通运输主要是靠木船。据老人谈,当时木船的航线是上自洛阳,下至济南。我家的船是有名的一条大划子,人称为鳌划子,言其大也。因业运,家庭逐渐富裕起来,后因管理不善,家教不严,遂致家境中落,兄弟们就分了家。分家后以我曾祖父这一支最穷。

曾祖父有二子,一为我祖父张文彦,一为叔祖父张文光。我祖父可能是个屡试不第的文人,没什么职业,又因家计困难,不得不设法谋生。因此,就在县衙门附近设书摊当代书,代替别人写信、写状子。每日背着小钱褡,早出晚归,以些微收入维持家庭生活。他有一男三女,而耕地只有二三亩,其生计困难可想而知。

(一)我的父母

我母姓高,老家在巩县神堤村,后亦迁兴仁沟,家境贫寒,四岁即丧母,无兄弟姊妹,是在其舅父家长大的。因穷,我外祖父未再娶。说也奇怪,我外祖父及我舅爷都是从事水运的,靠山吃山,靠水吃水,这也是自然之理,又因工作相同,彼此就容易认识,就容易结成亲戚。

我母到张家后很能过穷苦生活,养儿育女外,家务操劳,受累受苦,直至我父留日回国后,家境始逐渐好转。在艰苦的岁月中,未闻我母口出怨言,总是勤俭持家,终日操劳。这样就使我父在外工作无后顾之忧。

我父名张镜铭,号雯若,按族中排辈名张清川。据我回忆,他身体并不强壮,很像旧社会所说的文弱书生。他是自幼读书,考取了秀才,后因连丁父母忧不能参加省会考试。专制时代,尊重孝道,凡丁父母忧者三年不准参加考试。然家计不裕又不能坐待,只好受开封某家之聘,当私塾教师。待至清朝末年中日战争失败后,清政府深知非刷新政治图强不可,就仿照日本维新办法,从事培养各种建设人才。从秀才举人中选拔人才,官费送往日本、保定和北京学习专业知识,用以维新图强。当时,北京和保定已创办了各种学堂,即所谓新学。这种培养人才办法行之于各省。我县被选送赴日留学者有四人,即王敬芳、张仲友、宋景裕和我父。除我父为秀才外,余皆为举人。我父到日本后入东京文学院师范科。据说这所学校是日本人专为中国留学生办的。

中国留学生到日本后,一些日本人以战胜者自居,对中国人甚为歧视,再加以取缔留学生的种种办法,留学生甚为不满,更不堪忍受日本人之歧视,即向清廷所派之留学生监督闹学潮,愤愤回国。当时为情势所迫,监督亦无法阻止。我县王敬芳(抟沙)就是这样回国的。我父在学生风潮中虽愤但并未回国,其原因是考虑我家贫寒,回国后无法养家,因此就忍辱将学业学完。这是我听我父回国后说的。

我父哪年回国,记不清楚,可能是1906年或1907年,当时我才六七岁,只记得那时他拿着文明杖,身穿日本学生制服,那时他30多岁。他带回一架风琴和一面挂钟,这都是当时中国社会上少见之物。风琴捐赠给巩县县立强华女子学校。

我父回来后即在我省从事教育事业,在孔学台主持下筹划中小学教育。孔曾对人说,我省懂教育者只有张某一人。我父曾在洛阳某中学当过教务长,后当省视学,视察过豫东、豫南一带中小学教育。我在开封上中学时,他是学务公所(相当于现在的教育厅)实业科长,当时月薪约为银百余两。

在辛亥革命中,我父在本县大力支持刘镇华的革命工作,他同本县陈灼三先生为之筹备粮饷。刘参加革命是从我家出走的,我尚记得他穿的是长袍外加背心。刘去后不久,闻陈灼三在郑州被清兵逮捕。我父因恐家中受害,即嘱家人连夜收拾东西逃往山中,而他则由邻人陪送,化装成农民,步行至汜水车站乘火车赴开封。到汴后可能住在南关福豫公司,因该公司经理等均为巩县人。当时巩县煤窑颇多,开封居民家用煤皆巩县所产,号称72家煤铺皆巩县人士所经营。

我父到汴不久,就听说辛亥十一烈士就义,闻之极为惋惜。其中王天杰烈士乃我村之邻人也。关于王天杰我还记得二三事,某日我们在小学院中读书,王来到学校,即向我们讲说当亡国奴如何惨苦,我们听后多为之流泪。又闻王离家赴汴起义时,其妹送至车站,时他身上带有左轮手枪,他告诉其妹说,此去将永别矣。

辛亥革命成功以后,河南政权由袁世凯亲戚张镇芳所掌握,他亦看到政治腐败,非改革不可。有人向其建议可从教育界中挑选几人用以革新政治,因此我父被选为兰封县(即现在的兰考县)知事。兰封为河南最穷县之一,且土匪出没无常,地方很不安定。我父在任一年,除兴学改革政治外,与邻县会防商讨剿匪事亦多,然交通不便,来回乘坐车马,深感体力不支,故即辞归。回后不久,该县派代表胡宗宿来我家邀请我父回任,我父未允。

我父辞县知事后不久,即协助王抟沙和胡石青筹办焦作中原煤矿公司,并任李河第一矿场场长。

焦作一带煤矿开采权,不知根据哪个条约归英国。英国在焦作设有福公司,并修筑了道清铁路,采出之煤经此路运至道口,再由水路运至天津出口。然本地人民在附近各处亦以土法自行开采,英人亦无可奈何。胡、王二人取得政府同意,以河南矿业协会名义多次与英人交涉,最后收回部分矿权。与福公司协商,采取"分采合销"办法,即英人以福公司名义在焦作采煤,当地各私人矿合组中原公司,各采各的煤,另组福中总公司在全国各地设分销处推销。因此北至北京,南至上海均设有分销处,上海分销处还办理出口业务。

因王与我家都系巩县人,所以巩县人多乘此机会参加中原公司和福中总公司各地分销处工作。现巩县人定居焦作市者不少,原因即在于此。

我家因子女逐渐长大,亲戚来往日多。在兴仁沟的原宅只有两孔土窑,已显窄小,故在邻村北瑶湾买了一处旧宅,修缮后于1916年迁居此宅。

约在1922年或1923年我父即离焦作,原因不详,因当时我在德国留学。离焦后我父应刘镇华之邀赴西安,时刘为陕西督军,想在西安筹办一铜元局,而实际上是想办一兵工厂。他请我父为之筹备,并让我父携款到上海与英德各洋行商谈购买机器。事经年余,最后与德商汉运洋行签订合同。但我父因恐该公司不能如期交货,故电我在德去参观有关工厂,视其能否如期交货。该洋行经理特为此返回德国约我共同赴各有关工厂访问参观。这是1924年的事。后因政局变化,刘即离陕。后闻此批机器为山西省购去。我父在沪商谈采购机器时,有留美之李葆和工程师随往协助一切。

1925年有所谓"胡憨之战",胡为河南省督办胡景翼,憨为刘镇华部的师长憨玉琨。结果刘憨军失败。在战争中我父曾短时担任过一段巩县兵工厂厂长。胡部陕军到河南后,我父因恐家庭受累,即同刘家迁居天津租界,约于1926年初迁回巩县。

此后我父未担任任何官方职务,家居中遇地方有公益事情,参加筹划而已。

1931年至1933年,我父曾携全家到北京作寓公,与诸多老友相过从,精神颇感愉快,老友中多为旧国会议员。他们组有河南耆旅社,每周一次轮流做东聚餐以资畅谈。我父年虽未达60岁,亦被邀参加,此亦他老年生活中一乐事也。

九一八事变后,北京受到战争威胁,故我父于1933年携全家返回河南。此时我在保定河北医学院任教。

我父身体素弱,在兰封县知事任内因政事繁杂,加以土匪猖獗,与邻县会议多,精力已感不支,有时借助于鸦片烟,久而成瘾,直至病故。

我父是1934年农历五月十五日在开封去世的。临终前身体太虚弱,自己已不能吸烟,发生"烟瘾断绝"症状,我即准备为之注射吗啡以作抢救,针已抽好,无奈我母亲坚决不同意,故我父临终时大汗淋漓,几乎已不能说话,仅勉强告我兄弟二人说"向上",并作手势,意即争取上进,即此而终,享寿仅62岁。

我父去世后,灵柩先运回老家住宅,停放一年后,安葬于瑶湾岭的新坟地。

我父有二子二女,即兄长张耀西与我和两个妹妹。大妹嫁汲县李家,其夫李叔忱,北京大学毕业,一生在教育界工作。她有一子李明鉴,河南大学毕业。大妹30多岁时因患肺结核而亡。二妹亦因肺结核少亡。20世纪20至30年代结核症在我国为令人恐怖之病,回忆我家四邻及附近各村青年多有死于此症者,中西医对之束手无策。

(二)家兄

我哥名张长庚,字耀西,大我5岁,1921年冬毕业于北京大学法科。当时北大有三个学科,即文、理、法。法科设于清末所建之译学馆。北大校长为蔡元培。我哥毕业后,先在河南建设厅供职,后在省政府当秘书。1930年阎、冯与蒋在豫东作战时,双方势均力敌,相持不下。刘镇华之弟刘茂恩时为军长,属冯玉祥部队。当河南省主席万选才经其防地赴前线时,刘茂恩将其扣押并持之投蒋。蒋因此声势大振,不久即战胜了阎冯,进入开封。当刘扣万投蒋时,万在开封之代理人李筱兰为万报仇,遍寻刘氏在汴家属,因无所得,就将我父及兄嫂拘到省府(因我嫂系刘之姊)。次日,其代理人受舆论谴责,先让我父回家,将我兄嫂扣押于法院,直至阎冯败退,始释放回家。这是军阀混战时期,我家遭受的一场无妄之灾。

约在1932年,我兄被任命为辉县县长,数月后因政局变化,即又辞去。旧社会人事均随政局变动,工作无保障。今日在工作岗位,明日是否失业,谁也难料。

抗战军兴后,我兄即携全家回巩,开封家中衣物被人盗卖一空。我兄回巩后,除侍奉我母外,便同我嫂潜居山中,亦时常到站街参加筹商公益事,如赈济、修坝等。巩县将解放时,他只身到开封,不久我母亲亦由我本家叔送至开封。时我在河南大学工作。我们均住游梁祠后街、1936年我自己设计的西式平房小宅内。

1948年6月，开封第一次解放战争中，炮火数日不绝，我家窗外曾落一大炮弹，幸未炸，否则房屋及人均必遭殃。我决心随河大南迁苏州的主要原因之一，就是为了躲避战火。

1947年夏，我携侄赴南京治伤，因他在抗战中被日本兵刺伤食管，至冬，我回河大为学生补课。

1947年冬，我嫂由巩到汴。1948年春节刚过，我侄由南京来电云伤口复发。当时，交通时常中断，因而我同嫂先由郑州乘飞机到徐州转乘火车到南京。1949年初南京与苏州临近解放，我嫂认为我以河大之薪，在苏州难以维持全家生活，故她决意携带两侄同刘家赴中国台湾。我虽一再劝阻无效。她这一念之差，就造成家庭数十年生离死别的悲剧。我嫂遗骨葬于台湾，我哥病故于郑州。他病故前我没有告知他我嫂已病故，仅示以我大侄及五侄绕道美国寄回的相片，告诉他，他们均已成家有子矣。哥临终前曾作一打油诗，记得其中有一句"孤枕难眠"，其心情痛苦可知也。

1948年，开封第一次解放后，我与妻随河大迁苏州，我哥在汴侍奉母亲。1949年夏初，我们又随河大返汴。

我哥有五子一女，五子依次名为宏毅、宏任、宏勋、宏中及宏远，一女宏育。除宏中外，均大学毕业。宏毅学航空机械，现在台湾，已退休；宏任、宏勋学政治经济，宏任喜文艺，在合肥文联多年，宏勋喜文史，在银川文联多年，现他们均已离休；宏中随我长大，在河南医学院作临床化验已30余年，他在抗战中受伤；宏远随母赴台时小学刚毕业，现在台湾一大学教外交史，1983年曾到美国进修一年；宏育在河南医学院毕业后，分配到信阳市医院妇产科，现因病已退休。我哥之子女均有后代，计已有12人之多。

1955年夏初，我母患脑血管疾病，先是左半身不遂，后稍恢复，能自己进饮食亦能说话。某日排便用力过度，突然失去知觉，昏迷中以流质喂食，如此维持了70多日。因护理不周，臀部发生褥疮，连肌腱都露出。她若有意识必感万分痛苦。睹此情况，我们为子女者深觉惭愧，况子和媳均为医务工作者。我母病故于 1955 年夏,享寿 85 岁。灵柩由我妻及我侄宏中护送回巩,合葬于我父之墓。我家坟地在瑶湾岭。当地引洛河水上岭,修改渠道,坟地今已平为水浇地了。

我哥患高血压心脏病,临终前脚腿浮肿,虽服中西药终未见效,病故于 1965 年夏初,刚过 70 岁生日,葬于郑州西郊公墓,并立有石碑。

(三)关于我家财产和图书问题

新中国成立前我家雇长工,耕地约有七八十亩,可称小康之家。我父去世后,财产统由我兄掌握,但实际上他亦不管,一切任其自流。开封的衣物如前所述,老家的东西在抗日战争和解放战争时都被人拿去;我在外边的衣物图书,一部分托友人带至重庆,被日本飞机轰炸烧掉,一部分在嵩县被日军占领时丢失一空。我自从留学回国后,未再花家里一分钱。遗失东西中最可惜的是老家多年所集的各种书籍,我记得有二十四史木板本、《皇清经解》《王船山全集》《佩文韵府》、古版《昭明文选》以及其他各种子集,等等,约有千余至两千册。据说这些书弄到某学校了,但愿如此。我并不再要这些书,只是为保存文物计,曾托巩县有关方面烦为一查,然迄今无任何消息。开封所存之书有古版《纪事本末》,有《中州名贤文集》以及我由德国带回的歌德、席勒全集及其他文学书籍,均在"文化大革命"中被烧毁,殊为可惜。其中,歌德、席勒全集当时在河南可说只有我家有之,国内亦不多见。

我兄弟二人向未分过家。然秉性不同,所学亦异,在家庭中无任何矛盾。我兄好务虚,而我则重于务实。

(四)叔祖和我家亲戚

我叔祖张文光家,多以经商为业,然均未成为豪商大贾。我八叔张清宸之子张长裕,毕业于南开大学,后在金城银行工作。其子张筑生专攻数学,考得我国第一批博士学位,并被邀请到美国做学术演讲。其女张宝莉现为重庆医学院儿科主任医师。八叔另一子张长年,专攻地质学,现在西北大学任教。

我张家迁巩后,男婚女嫁,结亲不少。纵观各亲戚的家世即可看出我族之盛衰,完全符合封建社会所谓"门当户对"的习俗。姑奶辈家多为县之名门望族,等到姑辈已多是中产以下的家庭了,我母则是出于赤贫家庭。姑辈中我二姑父刘焕东勤奋好学,曾为县长及洛阳专员,有爱民之心,故政声颇佳,洛阳解放时被俘。在思想改造中,虽年逾古稀,然追求真理不亚于年轻人,故深受中国共产党的赞许。1956 年,政府派人提前将其由北京送回开封家中,1957 年夏病故。

二、我的童年

我出生于1900年农历七月二十七日,时为清光绪二十六年。出生在巩县兴仁沟祖宅一小土窑内,我曾经留过辫子,给光绪戴过孝。我小时是个淘气的孩子,8岁时曾坠入深沟将右前臂双骨折断,左腕脱臼,经中医整复,数月后骨折行将恢复。我父由汴回乡,因不放心,遂带我同外祖父到洛阳附近平乐村,访名医接骨世家郭老先生进行复查。这是我生平第一次坐火车出远门。经郭老先生检查后,认为断骨接复尚好,只给了点外敷及内服药,次日即回。无奈数月后与邻居王正中(王敬芳之子)打着要,左腿腓骨又被其坐断,休息数月始愈。所以我的四肢中有三肢的骨是受过伤的。再,幼时患过几次急性传染病,在当时缺药少医的情况下,能获痊愈,实是幸运。

我11岁时随我哥到县城高小读书,他是甲班,我是丁班。我县因受回国留日学生影响,开办新学堂较早,但也是经过了新旧的斗争。代表旧学派的为张维渠,代表新学派的为王敬芳、宋景裕和我父。结果新学派胜利,从而各处成立初等小学堂,城内成立高等小学堂。当时中外人士皆知巩县在外学生多,原因即在于此。

我到高小约半年,即随父到兰封县署内,延聘胡宗宿先生专教我中文。胡先生很会启发学生思考,每出一作文题,先讲说这篇文应如何作,论述的次序如何,结构如何,应如何作结语,等等。由于这种启发,不到一年我便可做出千余字的文章。当时陪我读书的有我大妹桂兰和一宗侄,此宗侄家已定居在该县三义寨。

三、求学时期

(一)入河南留学欧美预备学校

我于1913年冬考入河南留学欧美预备学校德文班,此校学制为五年。当时各中学皆为四年制,尚无高中。此校之所以多一年者,是准备毕业后能直接入欧美各国大学学习,所以毕业文凭上除中文外还印有有关国家的外文。据说这所学校是当时省议会和河南的执政者为了培养河南之建设人才,特别是理工科人才而设的。所以选取的学生毕业后,由教育部派人考试,选拔20名,公费送到各国学习。此校创办于1912年,先后共招了五班学生。第一、三、五班均为英文班,第二班为德文班,第四班为法文班。最后的英文班未毕业即改为中州大学。未毕业的学生分别转入中州大学或其他校各学系。中州大学不久改为河南中山大学,后又改为河南大学,至抗战初期改为国立河南大学,所以留学欧美预备学校实河南大学之前身。当时学校教师多为河南名流,因而学校社会声誉亦高于一般中学,如史地老师王人杰,号北方,孟津人,16岁即考中举人。德文教师吴肃能懂数国文字,当时确属凤毛麟角。据云他是河南固始县吴状元的后代,惜其教学不甚努力,学生受益不大。数学老师为开封著名的郑琴堂,国文教师为丁德合及陈今晴,传说陈是位进士。校长为林伯襄。据说林校长当时正在上海中国公学读书,行将毕业,但他宁愿牺牲文凭,毅然回河南来创办此校。他对青少年爱护如子弟,然在学习和生活方面要求甚严。

上海吴淞中国公学,系中日战争失败后,我国首批派往日本之留学生不愿屈忍日本人的歧视，一部分学生愤而回国，从各方设法筹款并向南洋各地华侨劝捐办起来的。因此此校始终富有爱国精神。我县王抟沙先生曾参与筹办并主持过此校。辛亥革命开封十一烈士中之王天杰，亦此校之学生。

林校长对学生的学习、生活要求甚严。学生均住校，每周只星期日准许外出。每班有监学二人。学生的上课、活动、衣着、室内外的卫生整洁以及礼貌等，均为监学每日检查项目。当时社会上简称此校为留美学堂。新生入学三个月后举行甄别考试，及格者继续学习，否则退学，其要求之严由此可知。

这种学校只有在河南办了一所，别省未闻有此类学校之设立，有人说这与袁世凯是河南人有关。

我在第一学期中某星期日，因雪后街上泥多，未上街，宿舍中有同学玩动物牌，我在旁观看，被监学吴旭斋查见，然在处分时我亦被记了两大过。留美学堂声誉在当时社会上很高，出了这件事颇引起社会上的震惊。如学校对这些学生全部开除，未免小题大做，不处罚又不行，所以每人记两大过。五年中的第一学期我就背上两大过包袱，心情是相当沉重的。几天后一晚上，林校长叫我到其办公室，鼓励我说：你没有参加赌博，然你在旁观看，也是要处罚的，但这不要紧，只要好好学习，守规矩，将来仍然可以毕业。所以我在校五年期间一直战战兢兢，规规矩矩，终于毕业。每忆此事，我对林校长是很感激的。若无他的鼓励，我可能即离校他往了。同乡刘献捷是参加赌博者，他因别事已记一大过，加上这次两大过，就因三大过被开除了。刘之父刘镇华是当时河南镇嵩军统领，在军政界有相当地位和声望，而林校长既不徇私情又不畏权贵，其公正无私于此可略见一斑。

德文班二年级后，又新请了由德回国的杨丙辰先生教德文，后又加聘了德国人倪福兰女士教德文和西洋史，林敦迈先生教理化，不久又聘了德国人邵特也教理化。史地理化皆用外文原版书。当时学德文，教材奇缺，没有正式课本，文法是翻译日文的，读本一开始就是用德国原版小学课本。此外尚无德华字典，所用皆为日本的"独和字典"（即德日字典），中日虽同文，然在习惯语和解释方面，究竟不同，这就给我们在领会字的意义上造成许多困难。中国当时学德文者甚少，办德文班在河南还是首次，所以在社会上看不到一个德文字。其他中学的外语皆为英文，教材多种多样，回忆当时情况，学德文实是不易，幸有几位德文教师，认真教学，否则是难以达到预期目的的。这也与林校长的苦心经营分不开。

留美学堂之所以开设德文班，是由于中国政府及社会人士对德国的科学发达、工业进步程度的评价。当时政府在军事上亦都请德国军人作顾问，这情况直至抗日战争开始。德文班当时按年岁大小分为丙丁两班。丁班学生皆在15岁以下、12岁以上。我为丁班。两班学生甄别后尚有百余名。虽分两班，然课程进行完全相同。

德文班学生毕业于1918年冬，获毕业证书者72人。按照学校原来规定和援前一班例，应考选20名赴德国留学，继续学习。然因第一次世界大战刚结束，德国战败，社会秩序尚未恢复，故改选30名赴上海原由德国人办的同济医工专门学校学习。我因数学成绩差，未被录取。因我哥在北京大学法科学习，我就于1919年春到北京。我哥带我见了蔡元培校长，蔡说让德文系主任杨丙辰先生写一介绍信，即可入文科德文系学习。杨先生系我中学德文老师，当即应允。我入北大文科学习不到一个月，因性不近文，即与同学郭垚赴日本学医。

我每忆及留学欧美预备学校，常有以下的认识和体会。为培养建设人才，当时确有设立此校之必要。所惜的是当时河南的各项建设没有发展起来，没有与培养建设人才同步进行，致使培养出来的人在本省无用武之地，而多流向外地。建设事业之所以没有办起来，与河南政局有密切关系。新中国成立以前，中国战争频仍。河南地处中原，乃四战之地，受害最烈。日常的教育经费难以维持，加以军阀横征暴敛，民不聊生，哪还有余力从事建设？建设事业既上不去，培养出来的人才只有外流谋生，这是河南的一大损失。

关于学习外文，留美学堂的经验是可以借鉴的。该校的史地和数理化教材，用的都是外文原版书，有些课还是外国人直接教的，所以学生毕业后到国外与人谈话和听课，都不感有何困难。

（二）赴日学医

当时我赴日学医，有以下几种原因：一是听说日本有德国人办的医学校；二是中日两国通航，人事来往一概不要护照，亦不办出入境手续，随来随去，完全自由；三是第一次世界大战后日元贬值，对中国人说，学习、生活均较便宜。

我们由北京到沈阳后，即乘车直至鸭绿江边的安乐（今丹东）。车上遇一在日本留学同学，谈话中得知他对日本情况熟悉，因此我们就在安东旅馆等候一周，等彼将事办完后，一同赴日，意在能得彼为向导也。当时我们由沈阳乘上日本火车后，见有专为朝鲜人所备之车，我以好奇之心曾入内观看，见朝鲜人多衣着褴褛，车中杂乱，气味亦难闻。车中的朝鲜人亦不准向他车行走。当时我想这可能有两种原因：一是乘车者农民居多，二是列车员故意懒怠，日本当局不管不理，借以显示朝鲜人文化程度低。亡国之痛苦于此可见。这对于我这初出国门的青年来说，印象很深，亦大大激发了我的爱国情感和民族自尊心。

列车穿过朝鲜南北，我们饱览了朝鲜风光。至暮，车抵釜山海岸，即弃车乘船过日本海峡。因在夜间，只听得海水澎湃之声，偶见从北极流来的巨大冰块。天明到下关海岸，已入日本境地了。

我们到达东京后，始知日本没有德国人所办的医学院。仅是各医学院校的第一外语皆为德语，而这对我们亦是有利条件。同乡们也劝说，既来之，则安之。于是我们就在东亚预备学校补习日文，以备来日考学。当时日本有中国留学生监督，指定某些官办学校，考取后皆享受中国官费待遇。我在指定的千叶医专未被录取，后考上了东京医专。当检查身体时，适值小雨，我脚穿皮鞋进出屋内外，因与该校职员在言语上发生误会，认为日本人看不起中国人，我即愤而回国。因我有许多同学都在同济医工专校学习，就直奔上海去考插班生。同在日本的郭垚和张文樵两同学不久亦回国到同济学习。我在东京学习一年日语，一般话可以说，书报可以看，后因久而不用，现在连字母都忘了。

因我性近医,故我父赞同我学医。其次我察觉当时社会疫病流行,人民苦于缺医少药,故医生是人民所需要、亦是人民所尊重的职业。再我性近实用,我之注重实用在中学已出名,因之同学们多以德文呼我为实用者。

1919年到东京不久,我即参加与北京相呼应的东京留学生五四运动。当日估计是要有搏斗的,故赴会前我买了一手杖。我们留学生约近千人,先集合在日比谷公园,然后排队游行。行至某街口,有人高呼"到中国使馆呀",学生蜂拥而去。待走到使馆门口,突然有马队由使馆坡道上边冲下来,始知张宗祥(中国驻日公使)已有所准备。学生与警察拥挤到一起,使我两手举不起来,气亦出不来。此时某同学向日警头上击了一拳,而我紧在日警之后,他认为是我打的,就还了我一拳,而我因手伸不出,未能还击,我新买之手杖在拥挤中亦丢失了。

(三)回上海同济医科插班

1920年夏,我在同济要求插班学医时,须经德语考试,主考者为同济附中主管人Othmer。他亦懂日语,就同我以日语谈话,我说了几句德语后,他就同意我暑假后插班学习。在暑假中靠梁之彦和李愉如两位同学的帮助,我补习了解剖学和生理课。只要我不会,一问梁之彦,马上就能给我解答,所以别人说他是我的活字典。

1921年冬,在举行前期(即医学基础课)毕业考试时,我考了个优等成绩。当时德国学制,医科为六年,基础课和临床课各为两年半,实习临床一年。同济当时的学制亦是六年,但基础课为两年,临床课为三年。

现在回忆起来,当时同济医科的教学情况实在可怜。教师缺欠,质量亦差,设备除挂图标本外,几乎什么也没有。课堂上主要是靠教师照书本讲解,解剖、生理课是一位教师教,实习等于没有。在基础课的两年学习中,只看过一次显微镜。看的是青蛙脚上的血液循环。没有做过解剖实习,只看了解剖标本和模型,至于生理、生化更无法论述矣。这固然是受第一次世界大战的影响,然从建筑设备和规模看,德国人创办此校并没有通盘筹划,亦没有懂医学教育的人参加,只是由几位开业医生因陋就简办起来的。欧战结束,中国人接办后,师资设备才逐渐增添(教师多为德国人),实习亦逐渐开展。因讲课、实验全用德语,故同济学生阅读德文书籍、听讲和用德语会话均无困难。

当时同济只有医工两科。医科设在上海德国人办的宝隆医院,工科设在吴淞,借用中国公学校舍(因此校停办)。医科临床课多由宝隆医院医生兼授,他们既非专家亦无心对教学多费时间,没有办医学教育事业之心。以当时教育质量而论,远不如我们自办的好,只因是外国人办的,外语程度较高,就在中国获得了较高的声誉。

第一次世界大战期间,因中国参加对德作战,此校将要停办,江苏省几位教育界名流,如黄炎培、沈恩孚诸先生以及上海大商人周宗良等组织董事会来维持此校,并以阮尚介为校长。此后师资、设备逐渐改善,直至改为国立后,才规模扩大,设备充实,师资队伍亦壮大起来,还增添了生物、测量、化学等系,已具大学之规模矣。

(四)赴德留学

我的学医蓄意已久。但目睹当时同济的情况,感到赴德国学习为好。由于我家经济情况好转,故于1922年夏初我哥陪我到上海,将一切出国手续办好后,我即同孟津郭垚(郭芳五之侄)乘法国邮船赴德。当时出国没有什么限制和条件,谁有钱想出国即可办出国护照,经有关国家领事签字就行了。我们途经香港、西贡、海防、新加坡,过苏伊士运河入地中海,到法国海岸城市马赛,历时月余。沿途所经之地,概为英法帝国主义的殖民地,看到体力劳动者都是当地人民,统治者都是英法人,商店百货几乎全是英法产品。由此算亲眼看到了什么叫帝国主义,什么叫殖民地。所经各地,也明显看出法国人的财力和经营力远不如英国。由马赛乘火车经里昂到巴黎。在巴黎停了一天,约略地游览了市容,看了著名的凯旋门和埃菲尔铁塔。巴黎街道上的较大建筑样式各异,几乎都有艺术品装饰,看了给人以审美的享受。次日,我们即乘车赴柏林。当车过德法边界时,验票员问我到哪里去,我说柏林,他不懂,我说德国的首都你不知道吗,他才恍然大悟说:"啊——

柏林。"他说的"林"字,音挑得高,拉得长。因此我体会到,学外语不懂当地人的腔调,只认识字,说出来别人是难以听懂的。到柏林后,即换车直赴哥廷根(Gottingen)城,因同乡刘氏叔侄刘茂寅、刘献捷均在该城学习。此城只有六七万居民,以大学而出名。哥廷根大学素以理科和医学著称。德国首相俾斯麦即毕业于这个学校的法科,校内和市内还留有关于他的许多纪念物,其他如大物理学家高斯(Gauss)、数学家克来因(Klein)、著名病理学家魏尔啸(Virchow)等均在该校任过教。哥廷根城位于汉因山西麓,自然风景颇佳,工厂甚少,环境幽静,确为学习的良好处所。我们即与刘氏叔侄同住于怀吞迈耶(Weiten Meyer)先生家中。这位先生牺牲于欧战中,他有一女,后为共产党员,曾与我的同学好友武剑西结婚。她曾在上海开过一个小书店,作为共产党的秘密联络点。后闻因工作关系赴西班牙,久无消息,不知现在何处。

1922年暑假后,我们即在哥廷根大学注册上课。其所以如此顺利,是因为同济医工专校原系德国政府承认的学校。

当时我国留德留法学生较多,一是欧战后德国马克贬值,生活较便宜;二是第一次世界大战期间,我国是参战国,曾派数千名华工到法国维持其生产,去的有工人,有学生。他们一半时间在工厂做工,一半时间在学校读书,故称为勤工俭学。倡议和主持留法勤工俭学的,据说是河北的李石曾。中国共产党老一辈的领导人有许多是勤工俭学的法国留学生,如周恩来、陈毅、徐特立、聂荣臻、邓小平等。留法留德的学生在政治思想上有联系,法国学生的政治刊物《向导》,常寄往德国哥廷根城。

我在哥城上学期间,每年暑假都到大学医院外科、妇产科、病理解剖科实习,这对于我的临床知识的提高和毕业考试均有帮助。朝鲜沈毓真同学,在选课和学习方法上,给了我们很大帮助和指导。他很有老学长风度,可惜从哥城分别后未再见面。当时只知他是中国东北人,新中国成立后才知他是朝鲜人,他因亡国而隐瞒其国籍,心情痛苦可知。

我们初到哥城那一年,雪多,特别冷,气温低到零下30摄氏度。因战后燃料缺乏,煤炭控制供应,虽发有煤票,但无人运送,常须自己去拉。这样房内只是偶尔生一次火炉,解决不了取暖问题。这年冬天我就患了百日咳,我恐怕是肺结核,因当时肺结核症在国外同样流行。经内科主任教授埃利希迈耶(Erich Meyer)透视后,告我说,不要怕,什么都没有。这位教授是当时德国著名教授之一,犹太人。他学识渊博,讲授的内科学深受学生欢迎。我听他讲课约两年,受益很大,内心对他既感激又钦佩,我之立志教学,受他的影响颇大。他著有《临床实验诊断》一书,学生多人手一册。我回国后不久,约1930年左右,我在德国的老房东写信告诉我说,这位教授在瑞士跳入山沟自杀了。时法西斯专政,是否为法西斯所迫害,不得而知。我的房东与他对门而居。

我在哥城学习三年后,想到别处大学去看看,比较比较,乘机亦多熟悉些德国城市。德国当时共有22所大学,全系公办,直至最近才有一所私立大学。当时有规定,每学期开始头两周,学生可随意到各大学去听课,不注册,亦不加限制,其目的是使大学生多认识德国各地,以启发其爱国之心。我于1924年冬转到德国南部巴燕省明兴城大学,此城英文名为慕尼黑,是德国南部一大城市。明兴城大学的规模比哥廷根大学大,名教授亦多,如胸腔外科鼻祖邵尔布黑(Sauerbruch)、妇产科名家多朵莱因(Doederlein)、世界著名内科教授伯格曼(Bergman)等。我在明兴听一学期课后,感到城市大,学生多,教授架子也大,师生间如陌生路人,与我心性不合。对哥城我似有感情,教授亦彼此相识,故我于1925年春又回到哥城,仍住老房东家里。不久,我慕世界著名内科专家斯图伯尔(Strumpell)之名,特到莱比锡城去听他的课,但不巧,他被苏联邀请到莫斯科为列宁诊病去了。后我到柏林去听名教授希斯(Hiss)的课。我到各处听课后,认为各校教师、设备均有统一的水平,然对外国人说,还是在较小城市为好。除环境幽静、交通上节省时间外,师生间亦易建立感情,因而学习上亦容易受到鼓励。

1926年春季,我因各临床课均已修完,就在哥廷根大学申请毕业考试,该校毕业考试委员会说,上海的同济医科基础课学习是两年,我们这里是两年半,你还差半年,不能参加毕业考试。我因临床课均已听完,无重复之必要。我就利用这半年时间向妇产科教授莱菲赛特(Reiferscheid)要了一个论文题目,准备博士论文,待毕业考试后参加博士学位考试。

当时德国的博士学位考试有两种。医学毕业考试亦称为国家考试,及格后可在德国境内行医,此后不论隔多少年均可申请博士学位考试,这种博士学位考试只选医学中三门课,并且是重理论不重实际经验。另一种博士学位考试是虽学完了医学课程,但不打算行医而只是想求得博士学位者,这样要考九门课程。不管参加哪种考试,均须先取得博士论文的批准。考试均为口试,也就是现在我们所说的答辩。答辩的目的是证明论文是不是自己做的。答辩老师提问的问题都是围绕论文展开的。考得学位者并没有什么了不起,只是说明自己有独立做科学研究的能力。考三门课者事前不知道考哪三门,到临场时才知道,因此各门课程均须准备,特别是临床课程。我参加的是第一种考试,是考完毕业考试后参加博士学位考试的。我当时的想法是:我学习时不弱于任何德国同学,在考试上我要同他们一样。为了不让外国人在德国境内行医,所以在申请国家考试时要特别注明虽考国家考试而不在德国行医,它批准时亦写明是例外允许。国家考试我考了四个月,相当吃力,因熬夜准备,曾晕倒一次,后到著名的维斯巴顿(Wiesbaden)温泉调养了两周。国家考试的方法很特别,可三至五人自行组织小组,到各门课程主管教授处请求考,教授约定时日后进行,地点可在其办公室、在其家或在病房。考试概为口试,有时提问可超出本课程范围。考试中两课程之间的准备时间为一周,12大门课的先后次序由学生自行决定。一门课的口试可一次完成,也可两三次完成,大门课如内外科可考试一周,有些还规定须经两位教授考。口试如不及格,当场退席,补考须在三个月以后。德国人对学生素日学习相当放任,但考试时是很严格的。我在四个月的国家考试中所读之书比五年都多,而在考试中确实又学了不少东西。在哥城大学医科中,据德国同学说,考试最难应付的是病理学、药理学和神经精神病学等教授。因此,我们对这几门课各准备了两星期,才敢去报考,结果病理学考得很不理想。这位著名病理学老教授叫考夫曼(Kaufmann),已70多岁,是魏尔啸在此校的后继人。他不仅考病理知识,还考医学史,他问魏尔啸都著有什么书,还问维也纳大学的病理学家罗几坦斯基(Rokitansky)穿过什么鞋、戴过什么样假辫子,等等。三人小组中只我一人幸而及格,原想依准备情况可望考得优等,现能考及格就很满足了,因在他面前补考是很困难的。更使我们恐惧的是考神经精神病学。这位舒尔茨(Schultz)老教授在课堂上讲的并不好,我们没有学到很多东西,有点知识也是从书本上凭自己阅读学来的。报考的当天晚上,在郊区精神病院先写了一份病历,然后开始口试。他没有正式问我一道题,多是问别人不知时转问我的,结果组中两人落第,待他们退出后,他将门一关,告诉我,不要紧张了,你已经及格。现在我问你一题,不要答得很快,考虑考虑再回答。他问夫妇二人皆患梅毒,丈夫患的是进行性麻痹痴呆,妻子患的是脊髓痨,是谁传染给谁的。我马上就答说,是丈夫传染妻子了。他问为什么?我说,一般都说脊髓痨是梅毒第三期,麻痹痴呆是第四期,当丈夫在第一期时,妻子还没有病,故丈夫在第四期时其妻子还在第三期。老教授闻后很满意。最后他又问我,你对神经病有兴趣,还是对精神病有兴趣?我说都没有兴趣,因神经病治疗效果不好,而精神病在诊断上没有逻辑性。就这样他给了我优等分。回想起考神经精神病学真是侥幸,毫无把握的一门课竟能考个优等,而对病理解剖学自认为有相当把握,并且还在该科实习过一个月,参加过许多尸体解剖,却只勉强得个及格。所以说考试除学识外还有一个机遇问题。另外德国教授常说,考试不仅是考知识,还要考聪明,但我这人岂能算聪明!考后次日,在街上遇见比我高一班的德国同学,他说你怎么那样傻呀,他说他在神经科实习,舒尔茨(Schultz)教授今早查房时说,昨晚有位中国学生在我这里考毕业考,考得很好,我想留他当助教,他说对神经精神病没兴趣,不愿干这一行。说也奇怪,我不喜欢这一行,可是新中国成立后我却入了这一行。其原因见后。

我考外科时亦很有意思。外科教授斯蒂希(Stich)是我最喜欢的一位教授。他讲课时边讲边表演,讲得清楚灵活,深入浅出,有时还说个故事和亲身经验。讲课时常提问题让学生回答,有时还直接问我,因此他对我相当熟悉。考试时是三组合在一起,在他家客屋内进行,他就先从我开始。他讲书很系统,亦要求学生能系统地回答。我不知他有这样要求,所以我答得未能使他满意。口试结束后,他对我说,他对我很诧异,说对我的要求多而我答得少。我自己亦确实感到对不起这位老师,只好说,考试未免有点紧张。他说,我们这里是小家庭,彼此都熟悉,有什么紧张呀。我说这是难免的。当时自己觉得惭愧,因我确实从这位教授那里学了不少东西。不仅学外科,也学了德语,他每句话都是完整的句子并且无地方口语。待到考骨折脱臼和尸体手术时,应有两位教授考试,我先在另一位教授处考,他考我肋骨骨折,我因暑假在外科学习,处理过这病,所以答得还不错。考完后本应 Stich 教授再考一次,然他问那位教授说,这位中国学生考得如何,那位教授说考得很好,Stich 教授笑着点点头,表示高兴。那位教授说,你再考考吧,他说不必了。整个外科考了一星期,最后定分数时,三组人都及格,唯我一人得了优等。这是 Stich 教授素日对我学习了解的结果。写到此处,我对这位教授至今仍然神往,他活了 80 多岁。当时胸外手术还是尖端科学,他在课堂上曾做胸外手术以示教,给了我启示。回忆我在慕尼黑听胸腔鼻祖讲课时,他架子很大,对学生讲话不客气,甚而口出恶言,德国学生对他很反感。

根据以上学习和考试情况,我认为还是在中小城市的大学学习为好,城市大了,事务多,教师与学生之间接触亦少。所以留学生中,在小城市学习的学生,学习多较扎实,成绩亦多较优,然而为了解各大学情况,不妨在每学期开始,多跑几所学校,以做比较并开阔视野。

国家考试共 12 大门,我均及格,总平均分数为优等(当时用的是五分制)。考试结束后,我即到内科当实习医生。不久我的论文被批准,即准备博士考试。临场时始知在座的有皮肤科、小儿科和药理学教授。药理学教授是口试的最后一位,他问我的最后一个问题是色素杀菌剂有几种,我都答了,最后我多说了一句,说有人说利瓦奴尔(Rivanol)对葡萄状球菌有特效。他问是谁说的,我说是小儿科教授在课堂说的。当时我想他若不信,可以当场问儿科教授。于是他说好了,你知道的不少。三位教授问我的都是关于微生物学和感染学的问题,因我的论文题是《细菌的独立试验在妇产科病的诊断和愈后中的价值》。口试完毕,医科主任当场就宣布谁不及格,不及格者即退席。当时参加考试的有 20 人左右,不及格的有 3 人。主任训话说：考试及格者只是表示能独立做科学研究工作，深造还有待于将来。最后他说，希望你们忠于科学事业。德国学科主任（院长），当时是由主任教授轮流担任的。学科主任是学位口试当然参加者，并且是口试的主持者。

我在哥廷根城数年，向未坐过马车。口试完毕后，时已晚9时，我即乘马车回家，及至门口，房东老太太尚紧张地在门口等候我，待听说我已及格，她非常高兴地向我祝贺。

数月后，我想着，既在德国留学，应多认识几个地方，故1926年秋我就到汉堡大学医院内科实习。当我与房东老太太握手告别时，她说，张先生，我无女儿，否则还不知你们会发生什么关系。我笑了笑，未做回答。在德国，男女来往比较开化，时久，感情达一定程度，就有结婚之可能。然我的思想在这一点上是较为保守的。我认为血统应保持纯正，不赞成与异籍女子结婚。再，我家经济并不富裕，回国后前途茫茫，生活如何，确难预卜。若娶一外国老婆，岂非自找洋罪。故我虽亦有结识之女同学，然总与之保持相当距离。

到汉堡后，我即在汉堡大学医院第39栋结核病房实习，主管医师是珂尼平（Kniping），他曾发明过一种代谢检查仪器。该医院的建筑，在德国是独特的，采取的是别墅式，有几十栋小楼。后因家中经济情况欠佳，故我于1926年冬做回国准备。

汉堡是德国最大的海港城市，停靠轮船无数，故烟雾甚浓。它位于埃尔伯河口，但河上没有桥梁，两岸人来车往，统由河底隧道穿过，两岸均有升降机。这种工程当时尚不多见。

（五）至莫斯科又返回德国

当我一切回国手续办妥后，即取道西伯利亚回国。12月间在柏林上火车时，送行的中国同学有20余人。车快开时，忽有一人把我拉到一边说，你到满洲里时要小心，听说那里检查，只要查出有共产党嫌疑或与共产党接近的人，马上就枪决。说话这人可能是章伯钧。车开后，我想我素日与共产党人接近，在哥城时，我们与青年党做过一次斗争，所以此人的劝告是有可能性的。我犹豫不决,反复考虑到莫斯科怎么办。同行的有同学鲁循然(河南新野人),他是学采矿的。车抵莫斯科站,见到了事先约好的同学武剑西,当时他在第三国际当秘书。后由于种种原因,我决定再返德国,由海道回国。武剑西领我到中国驻苏大使馆,见了大使,佯称我的车票丢了,无钱补票,只有再回德国待家汇款。大使信以为真,就派一名会说德语的苏联人陪我到有关使馆办回德手续,间或逛逛大街。约一周,一切办妥。我在红场参观了列宁墓,还到东方大学听了一次课,当时教室无座位,都是站着听。在莫斯科街上的饭店认识了嵇文甫,见过瞿秋白。当时的红场很简陋,除克里姆林宫红墙及列宁墓等建筑外,别无其他大规模的建筑,然十月革命成功已十年矣。莫斯科的建筑倒是别具特色,较大建筑多有一部分金色洋葱形房顶突出起来,莫斯科毕竟是处于东西方文明之间,有一家饭馆橱窗内竟摆有一盘包好的饺子,时我心绪不宁,亦无尝试之心。

回到柏林后,发现我在旅行社定车票的预缴费 100 马克收据尚在袋中,我马上取出,随即买车票到同乡刘茂寅住的小城市费来伯(Freiberg)。因前几天离开柏林时,送我上车的中国同学很多,万一遇见一位,问起来,我是无法回答的。况且当时柏林有两个中国同学会,一新一旧,新的比较进步,拥护孙中山的三大政策。我是新同学会的成员,但没有登记过,可不知为何别人都认为我是新同学会成员。直至 1944 年我在西安时,武剑西才告我说,是他将我的名字登记入新同学会的。

(六)补述我在德国的几件事

(1)我对朱德的回忆。朱德 1923 年至 1925 年与我们同在哥廷根城,当时我们是 20 多岁的青年,而他已近 40 岁了。听说他是蔡锷部下的旅长,然他朴实忠厚,平易近人,没一点高级军官盛气凌人的样子。记得有一次国庆节,同学们开会,时国内军阀混战,民不聊生,他发言说,这都是母亲没将儿子教育好。可见他是很注重母教的。当时亦有女同学在座。有一个星期日,我们在踢球玩耍,当在树下乘凉休息时,大家谈及国内黄河水灾,朱德说,想让黄河不发生水灾,中国非实行共产主义不可。当时我们不解其故,亦不好意思问。新中国成立后黄河不仅没有水灾,且渐渐给人民带来了利益。几十年前,朱德竟有此卓识远见,实在令人钦佩。

(2)大约在1924年秋,我同刘茂寅到柏林旅游,某日午饭后,拟到一同乡家玩耍,路上有两个年轻德国人骂我们是日本人,说我们是"Japs",这是德国人蔑视日本人的字。我听后就问他,你说什么?他不敢说,因而就吵了起来,看情势要打架。那德国人说:"你先打呀!"我说:"你先打!"因德国警章中规定,谁先动手谁犯法。就这样不知谁先动手,打起来了。德国人打架不会用脚,刘茂寅踢了他一下,他也用脚踢,刘乘机掀着他的腿,把他掀倒了。另一个德国人未动手。这时,来了一位工人样的高大男子,我正想向其说明原因,而他根本不听,就用力打了站在旁边那人一耳光,那人捂着脸马上蹲下,看情况打得不轻,那工人扬长而去。警察来了,街道两边的人都说不怨外国人,警察也不问我们,我们就乘机溜走了。当时德国是共产党与保守派竞选总统,即台尔曼与兴登堡竞选。歧视外国人的大多是保守派,因此工人看见那两人,就认为他们是保守派,乘机发泄对他们的不满。

德国的保守派和保皇派是仇视犹太人的,他们的门口有的贴着条子:犹太人不准进。我那哥廷根的老房东也是保守派,不过门口没贴条子。我有一女同学是犹太人,她常与我来往,因我的房东是反犹太的,所以我那女同学一次也未到过我的寓所。

(3)1925年冬,我在明兴(慕尼黑)大学学习时,每逢星期日就与鲁章甫同学骑车到郊区游玩。一次在火车上结识一位德国人,实际是奥地利人,家住明兴。谈话中,知道他在上海工作过,此后与之有多次来往。某日他说要到维也纳去,希望我同他一块去游玩,我们就一同去了。

维也纳是个名城,位于多瑙河畔,有山有水,风景很美,又多名胜古迹,在旧城墙的地基上修了一条环城马路。维也纳大学、博物馆、议会、剧院和其他许多机构都建筑在这条环城马路上。维也纳人有如北京人,温和好客,不像德国人那么严肃高傲,特别是普鲁士人。奥地利人亦说德语。我在维也纳玩了一周,住在郊区一家旅馆。一天晚上,我们去看戏,散场后,时已午夜,我乘出租汽车回旅馆,正走中忽然车停住了,司机一看,后轮掉了一只,险些儿碰到电线杆上,午夜马路上车少,没有发生车祸,真是幸运。

(4)我在明兴上学时,1925年除夕,我同女房东和其友人到酒馆去喝啤酒。服务员问要多少啤酒,我说来半公升,房东说大学生只要半公升不好,来一公升吧。待至喝到一半时,我到厕所去,觉得有些走路不稳,知道有点醉了。这酒馆可坐500人,是该城有名的酒馆,也是希特勒起事的地方。时至午夜,是所谓的警察钟点,酒馆停止卖酒,绝大多数人都走了,剩下的约有12人,都是有些酒醉的人。他们发现我是中国人,举起杯高呼中国万岁,我也呼德国万岁。于是大家围坐在一大圆桌旁,继续喝酒,酒店的老板也拿着一个啤酒杯子来了。他说,中国人在我这里喝醉的,你是第一个,我送你一只酒杯作纪念,还给我一张证书,大家都签上名,证明这个杯子不是我自己拿去的。我手持酒杯,房东扶着我走回去,在街上我还用杯子撞商店的橱窗玻璃,幸而未破。回到寓所,房东的朋友又买了一瓶香槟酒,醉得更快更重。此时不知怎么的,忽然想起家来,就哭起来了。房东的朋友睹此情况,亦不好意思走了,只好陪了我一夜。这是我生平第一次喝醉酒,故记其经过。

明兴新年啤酒名为Bockbier(羊角啤酒),含酒精量为12%,比一般啤酒要高一倍还多,我事先不知,故饮了一半就醉了。

(5)我在哥城与老房东感情很好。老头子Steinbaih先生是个久经世故的建筑师,自己有一座三层楼住宅,位于半山坡上,除自住外,余均出租。我就在房东住的底层租了两间房,一大一小,小的作卧室。房子的周围环境和设计的建筑质量均好。每到星期日,老房东就告诉我,可到某处去玩,路上经何处,有吃有喝。我在他的相片簿上看到他年轻时(老房东当时已70岁)所骑的脚踏车,座位是在前轮上,前轮比后轮大,从而了解脚踏车发展的初期情况。

老头患有慢性肾炎和高血压。他只有一子,已婚,有一孙,另行居住,距其父宅只隔一条街。其父临终时,他没在侧。老房东的家庭医生看其病已无希望(大概是脑中风)就给他注射了一针大剂量吗啡,使其舒舒服服告终。德国人认为这是人道主义的办法。德语中专门有个词Eutanasie,意即舒服死去。在我国的医院里,新中国成立前后均不允许这样做。房东心脏停搏后,我给他穿好衣服,房东的老妻子哭得很恸,让我给他儿子打电话,让他快来。我依中国人的习惯,以为他儿子进门必然号啕大哭。我等在门口,待他进门后,我说:你母亲很悲痛,你不要哭,好好照顾你母亲。他说:张先生,你放心,我决不哭。我觉着非常奇怪。及至他父亲埋葬后,他到我房间,我说,你父不在了,家里只有你老母一人,你是否可搬来与母亲同住,以便照顾。他说,他妻与母亲年龄相差太大,遇事见解不同,不能住在一块儿。自老房东病故到埋葬,我未见他儿媳来过一次。经过这件事,我感到欧洲人家庭观念很淡薄。中国的三世同堂或五世同堂,他们是不能理解的。某日,房东老太太说,老头去世前曾说,张先生一日不离开哥廷根,就让住在我们家里。我们相处之融洽,于此可见。

我在国外数年,处处以中国人的自尊处世接物,一言一行,对一般人和对病人,对老师以及对同学,都是小心谨慎,彬彬有礼,不能让人家看不起,丢祖国的人。我在房东家住了几年,每晨衣服穿不整齐,我没出过卧房门。房东对我亦很好,我常不吃早点就去上课,这位老太太就把她住宅的门锁住,早点给我准备好,我不吃就不让我出门。从此我养成吃早点的习惯。在哥城数年,我的房东亦有几位,但住的时间最长、相处最融洽的是 Steinbaih 这一家。

(6)1925 年上海"五卅"惨案发生后,西方国家都认为是中国人又一次排外运动。在哥廷根的中国同学为此事开了一次会,谴责帝国主义。哥廷根的部分中国同学和一些德国共产党员还上街散发传单。这两次活动都照了相。相片中有许多老一辈的共产党员,如朱德、房师亮、武剑西、史逸、孙炳文等。开会时我亦发言说,上海惨案是反帝国主义的爱国运动,不是排外,这个运动具有世界意义。朱德很赞赏我的发言。中国同学开会后的那张相片原件我于 1981 年赠给中国革命博物馆了。"五卅"惨案后不久,柏林新同学会让我到德国两个工业大城市布朗斯维希(Braunsch Weich)和斯图加特(Stuttgart),利用德国共产党人召集群众大会的机会去讲演,宣传"五卅"惨案不是排外。宣传稿是新同学会由柏林寄给我的。我到这两个城市去宣传时,有共产党人保护我,并把我抬起来欢迎。乘车和食宿都是他们安排的。当时我们国内是国共合作,国外亦是如此。

（7）还有一事,当孙炳文在"五卅"惨案后先赴柏林后回国时,告诉我,他有一朋友到哥城来,让我替他招待。他没说是谁,也没说是干什么的,他说已告诉他的房东了。几天后,我的房东说有人找我,一见面,此人就问:你是不是中国人?我说:是。我问他尊姓大名,他说叫邓演达。此人我似乎听说过,但当时还不了解其身份和职务。谈话不久,我就请他到饭馆吃午饭。他在街上每见贴有地图,就细心看。吃饭时谈起"五卅"惨案,我说,许多爱国青年学生和工人都牺牲了,真可惜。他说,不要紧。我不解其意,亦不便问。后来才体会到,牺牲愈大,反抗力亦愈大。这年冬,我到柏林又见到邓,他说很忙,哪一天咱们好好谈谈。可惜此后就没再见过面。1927年夏初,张发奎部队到汴时,我同鲁循然到南关演武厅去欢迎,归途中见邓演达同苏联顾问在南关邮局门台上向群众讲演。次日,我同鲁到其住处拜访,可惜他已赴郑州开会去了。此后数年,他被蒋介石所害。我虽未曾深识此人,然察其言谈态度,志气高昂,革命心强,魄力亦大。他之死,对国家前途说,至为可惜。

孙炳文与我在哥城同住在一条山坡路上,因而晤谈较多。他革命意志强,为人耿直。惜在北伐时,他由水路从广州赴武汉,在上海登陆时为褚民谊所害,当时他是广州留守司令。这是1939年在昆明时郑太朴告我说的。孙炳文系我省任芝铭老先生的女婿、著名文艺家孙维世之父。

（8）20世纪20年代,中国人在哥城留学的有40余人,在政治上分为两大派:一是与共产党接近的进步派,二是国家主义派,即青年党。两派人数大体相等。这两派人阅读的政治方面刊物,皆来自法国。进步派读的《向导》,是留法共产党办的,青年党人读的《醒狮》,是留法青年党人办的。当时哥城的共产党人有朱德、孙炳文、武剑西、房师亮、邢子祯(后改名徐冰)和郑太朴等,我与他们都有接触,因而我的思想也很受他们的影响。孙炳文和武剑西曾劝我加入共产党。我因受传统观念的限制,认为共产党是社会上一般人所说的过激党,因而有点迟疑不决。孙炳文看出我的犹豫,就建议说,你若害怕,可先加入国民党,介绍人是孙炳文和武剑西。当申请书交孙炳文后不久,上海就发生"五卅"惨案,进步人士纷纷离德回国,孙炳文、武剑西亦离开哥城。我想我的申请书孙就没交给有关部门,因我始终未接到批准通知。我回国后与国民党人在医疗接触中谁也没有谈过这件事,这样我心中当然不承认我是国民党员。在哥城当武剑西等共产党员离去时,武将所存的有关文件和书刊,统统交给我,我锁入柜内,因我的房东是保守派,是不能让其知道的。当我离哥城时又交给另一位进步同学了。"五卅"惨案后,因为素日主持同学会的人多已离去,我无形中就成为同学会主持人。因此在1925年夏的一次开会中,与青年党人做过一次斗争。当时是为了什么问题,我想不起来了,可是打架过程还记得清清楚楚。开会是在一个咖啡馆楼上,我主持会议,青年党人魏时珍坐在我左边,共产党人房师亮坐在我的右边。开始几分钟后,就发生了争执,房师亮拿起杯子掷向魏时珍,幸而未击中头部,魏亦掷他,于是会场就乱了,警察上来干涉,会就散了。1982年我去合肥时,还特去访问房(那时他是安徽省卫生厅副厅长),不巧他赴安庆去了,不久后听说他病故,所以当时的打架原因到今日仍是想不起来。青年党人恨我就由于这次斗争。

(9)1926年冬,我经法国马赛由水路回国,乘的是法国的波多斯号大邮船。上船后见有约40名中国人,言谈后始知他们都是青年党人,带领人是何鲁——著名的青年党人。我想真是冤家路窄,所以一路未敢与他们多接触。及抵上海,住到租界旅馆,我才放心。

在国外学习5年,除完成学业,考得学位,开阔眼界,增长见识外,也经受了困难,有过某些遭遇,这也是青年时期中最好的一段锻炼。此外,又因与进步人士接近,政治思想上亦受有一定程度的启发,这一切为我后来的工作和处世打下了基础,在关键时刻都发挥了作用。

四、回国后

(一)困守家乡

1926 年年底,我回到家乡。离哥城前,我请哥廷根大学医学院院长给在中国的德国医院写一封介绍信,让我能回国后继续实习临床工作,因我毕业后临床实习时间短,经验欠缺,想弥补这个不足。回国后,得知北京有个德国医院,因当时正值北伐,交通梗阻,又因我二妹患结核性胸膜炎,我虽不能帮助治疗,然亦不便离去。她服中药,终是无效,病故于 1927 年夏,时年20 岁。

二妹病故后,我时常来往于巩县、开封之间。终日无事可做,实感无聊。以我家的社会关系而论,我可到焦作矿务医院,亦可到刘镇华部队做点医务工作。时刘已参加了北伐军,他亦邀我前往。因而我就到他的军医处做事,后到他的总指挥部医院当副院长。当时他的部队属冯玉祥的第二集团军,刘是第八方面军总指挥。

(二)我县驻军将我扣押

我未到刘的部队前,还发生一件事。当时吉鸿昌师的徐福胜旅住在巩县,他曾发出布告,要收民间枪支。我因在汴,不知此事。待我回家二三日后,某日下午,徐派其侦察队二人到我家,说我家有枪,我因不明其来历,说到你们旅部再说。到其旅部后,我即如实相告,随之他们即派兵到我家取枪支,待我将四支手枪交给他们后,他们认为我家还有枪支没交,又将我带回旅部。此晚，即将我扣押于禁闭室，并带上脚镣，情况似乎严重。扣押一夜，次晨审问我时说，若不将其余枪支交出，就要法办。在这无可奈何的情况下，我只好晓以大义，我说，我素日是拥护革命的，而今日反在革命军中受此苦辱，心中甚为难过。并告以四支手枪的来历：在胡憨战争中，我父亲曾当过巩县兵工厂临时厂长，有四个卫兵，这四支枪就是卫兵的枪支。我回到禁闭室中，不知外边营救我的情况如何，就假装肚痛。守卫兵看我肚痛甚剧，来询问情况，我告他说，街道上某家铺内有止肚痛药，请你去给我要一点。去后不久，我表哥巴全洲来了，他说，不要紧，旅长已允许我家乡三个村庄的士绅保释我了。过了片刻，就有士兵来大声问：张先生的肚痛好了没有？稍后，又有士兵来说：将张先生的脚镣去掉。过了十几分钟，又有士兵来说：旅长请张先生去。我走到院中，见三村父老均已坐满。徐福胜迎接我到半路，满口说误会误会。他向三村父老说：我们也调查了，张家老先生在地方上很有名望，办了许多公益事，我们允许张先生回去。他又向我说：枪支我们已擦好了，张先生要用，可以带回去。我说，我本来就没有用。散后，我就回家了。我在开封的父亲于事发第二日即闻知此事，所以第三日刘镇华方面的代表孙剑泉、冯玉祥方面的代表郭海峰均到巩县营救我，而我已经安然回家了。

事情解决得如此之快，还有一个原因，当他们带我到旅部时，天已将黑，我就告邻居曹某说，请他连明彻夜到白沙村我二姑父刘瀛当家告说此事，请他到县政府想办法。因我知道姑父与县长相识，这位县长亦是冯玉祥委派的。我姑父天明到县，县长正在吃早饭，向其说明此事后，他说，我知此事，并说旅长要枪毙张某。我姑父一听，就心慌了，赶快向县长说，你知道张某是谁吗，他就是去冬由德国回来的，并是学医的。县长一听，说：是他呀，那我得赶快去找旅长。县长怎么知道我呢？我回国时，先到开封河道街同和裕银号，因素知我父常来往于此。当我进到客屋时，见有几个人在那里打麻将牌，我就坐在炕床上与别人谈话。因我穿的是西服，又刚从外国回来，当然惹得他们注意。打牌人中就有这位朱县长，所以他记下了我。

孙、郭二位到巩县时，我已回家。他们到旅部将徐旅长批评了一顿，大概也见了吉鸿昌。吉是师长，师部设在汜水。孙剑泉告我说：要我去见见吉。次晨，我即赴车站附近的旅部，进门时，适吉走出，要到车站。他一见我就说：误会了，请告诉你老先生，不要把这事记在心里。我同他走着谈着，送他上车。

(三)建议河南中山大学增添医科

1927年夏，我在开封时，曾访问中山大学校长凌济东，建议在大学内办一医学院。他说，河南尚无大学毕业生，怎么能办医学院。闻后，我即认为这是标准的美国留学生腔调。但是1928年校长换人后，即创设了医科。

(四)参加北伐

1927年冬，我到刘镇华部驻守的考城县，在其军医处工作。到后约十来日，考城即被直鲁联军张宗昌部队包围。持续了10多天，每晚有激战。一天下午，我到密电室访友，谈至日暮时，他说你要赶快回去。待我至西城门的军医处时，一炮弹落于我的背后，幸而未受伤。至夜，战斗激烈，不时听到炮弹爆炸声。我是初次到军队中，不免有点恐惧。我们在屋内用铺板、被褥作防御工事，都躲入其中。军医处长郑芳洲的哥哥是久经战阵之人，而他亦害怕起来。次日，每人发给五块钱，以备城破时躲入老百姓家，因当时工作人员概无工资。大家心中惶惶不安，午饭后忽有人说，总指挥昨日潜行出城到兰封县(即现在的兰考县)，向孙良诚部队求救，今天可能就回来。午饭刚完，大家吵闹说总指挥回来了，孙良诚派马队包围了敌人。我闻后异常高兴，即到门口观看，只见护送总指挥的人都是身披长枪大刀，手持驳壳枪，甚为威风。总指挥回来后，先到前线巡视一周以壮士气。待到天黑，就大打起来，炮火甚为密集，约一小时后，枪声逐渐稀少，闻得城外喊着"老乡缴枪呀"，又过半小时，枪声消失，敌人退却了。

敌退后，首批重伤兵数十人要送开封。我自告奋勇，亲自护送。冯玉祥比较重视伤兵工作，当时开封的军医院设在南关教会医院及附近的教会学校中，可容伤兵一万人。刘镇华即委托我在开封照料第八方面军的伤兵。

当时省府主席是薛笃弼,每开军医会议,就邀我参加。某次正在开会,冯玉祥进来了,说了几句话就走了。1928年初,我又回到前线,当时指挥部设在开州,即今日之濮阳市。某晚,刘找我谈话,要我到上海采购药品及卫生器材,另外给其在德之弟及子汇款。我带一勤务兵即上路。到上海后,乘汽车去租界旅馆,车行至西藏路突然停下,中外警察要检查行李。完后,外国人指指我的武装带和军帽,我不解其意,中国警察说,进租界不准戴军帽、披挂武装带。这明明是侮辱中国士兵,我当然不听。我说,我是军人,军帽、武装带不能去掉,到旅馆后我会马上换衣服。外国警察看我态度很硬,就不再勉强,于是我就全副武装进了租界旅馆。当时我已下定决心,若发生冲突,就准备坐监狱。结果顺利过了这一关。为了节省开支,数日后我就搬入某商栈。

我在上海办完事后即回北方。路过南京见到同学宋玉五,他在军医院当院长,劝我留南京工作,又由同学郭楠写一封英文信向宋美龄主持的军医组织介绍我到那里工作,因前线急需药品器材,我不便久住等候接见,就回濮阳总部了。我将所购物品点交清楚后,本欲返汴,无奈刘又约我商谈,要我担任总指挥部医院副院长。他说,部队要向大名出发,医院单独留此不安全,要我将医院迁至滑县道口镇,我即照办。当时斑疹伤寒流行,病兵数百人几乎全染此症。我常到医院去查看,病人身上的虱子如同蚂蚁。医官傅献礼因染此症而病故。我不久亦染此症,因兵站总监孙剑泉亦驻道口,我将医院事嘱委某医官,即乘兵站火车马上回开封。因无特效药,只有服中药治疗。高烧期间呓语不断,我母照料一切,经过两周始逐渐痊愈。时已入夏,我就在汴寓休养。某日,有人叩门,开门后,见是几名军人,问这里有无第八方面军的人,我说就是我,并说出姓名,因与他册子上的名字符合,他们就说冯总司令给你80元钱,让你养病。

(五)赴北京

七月中旬,我身体逐渐恢复,即以80元作路费赴北京。临行我父嘱我,病后体弱,到郑州换车时要买二等车票。但我想我只有这80元,到北京还不知前途如何,岂能再向家里要钱。故我仍坐三等车到北京。下车后,到前门外打磨场天有店,我知道这里最便宜,一天只要两角钱。安顿后,我即到王拣沙表叔家,其两子均为我小学同学,在老家且比邻而居。见面后,他们要我搬到他家住,因同他们弟兄情同手足,故不外气,就住在他家。周余后某晚,我们闲谈,问我怎么打算工作问题。我说,从德国回来时,请哥廷根大学医学院院长给德国医院写了一封介绍信,但事已隔两年,谁知还发生效力否。他们鼓励我不管怎样先去试试。次日我就前往。该院院长狄博尔(Dipper)阅信后,即问我现住在何处,我说在亲戚家,他马上向一中国护士说:我们有空房否?在这一霎时间,我看有希望。然后这位院长告我说:我们这医院归大使馆领导,你明天去大使馆见见菲舍尔(Fischer)代理大使。我次日往见,寒暄后,他说你是德国医院第一位正式中国大夫,你的工作对中德文化交流起着桥梁作用,希望你好好干。我回到住处将一切情况与王氏弟兄谈后,大家都很高兴。就这样我在北京待下去了。过两天,我到天津取我1926年由德国寄回的行李。因当时我家住天津,我父经常来往于中原煤矿公司,故将行李寄津。谁知时局变化太快,行李运到时,我家已离津回巩,所以两只箱子在海关露天放了两年。但经检查,并无任何遗失,也没有向我要一文保管费。次日我即将行李运往德国医院,医院给我一间二等病房住。我初到,狄院长告诉我说,你的工作情况我不了解,除食住由医院供给外,每月给你30元零用钱,以后看情况再说。三个月后,零用钱加到50元;又半年后,月薪涨到100元;又过一年,增到200元。

这所医院是营业性质,学术性很差,化验室尚未开设,亦无人写病历。我曾向院长提过意见,他说我们不能与协和医院比,它是每月凭外国汇票办事的,而我们是靠自己赚钱维持的,所以在医疗设备及工作上不能与协和相比。

当时外国人在北京办的医院有四家:美国办的是协和医院,还有协和医学院;德国人在原东交民巷的军医院地址办的是德国医院;法国人在东交民巷西口办的是法国医院;日本人办的是同仁医院。这四所医院均在东单附近。法国医院不甚著名,就诊者不多。在这四家医院中以协和医院学术性较强。当时国人多崇拜德医,该院又在东交民巷内,等于城市的租界地,因此,凡遇政治变动,医院中的病房就住满了,多是达官贵族、社会名流,以此作避难所。但医院中亦有普通的病房。总起来说,病床不过120多张。门诊初诊挂号为银洋五元,复诊为一元,所以我在该院数年未见有一位农民前往就医的。

该院院长和另一位老医生除经验外,学术陈旧,也无兴趣发展事业,无心力求设备和技术跟上时代要求。后来来了几位年轻医生,设备和医疗工作有所提高。我到该院后,将化验室建立起来。待我离开时,化验室已能制造治疗用的疫苗。其他临床化验的数据与协和医院相比,基本一致。

医院设备落后,门诊收费又如此高,然就诊病人总是车马盈门。一是中国医学事业不发达,二是崇洋心理重,更深刻地说是崇拜德国医生。这种情况不仅北京如此,其他大城市亦莫不如此。所以学德医的人挂牌开业时,总是写上德医某某。

我在该院工作数年,感到德国人看不起中国人。当然这种歧视中国的情况在德国人中亦有不同,有轻有重。如某次一德国人外科医师帮助我做一小手术,正在进行中,他忽然接过来自己做。事后他告我说,妇科某大夫来了,他认为手术不能让中国人做,否则手术就失去了价值。又如某晨我到化验室见孵卵箱温度降到20度,就问工人,灯为啥灭了,他说,机器房那德国人工头不给油。我去问他,他说,这中国工人偷油,所以他不发油。我问他,你见到工人偷油了吗?我到办公室告他,护士主任马上将他叫去。我当面指着这工头的脸说:你既没见他偷,为什么说他偷?这是侮辱他的人格尊严。他说,他是苦力(工人),有啥人格!我说,他的人格与你一样高。当时,我决心与他争是非,就是弄到德国大使馆,我也不怕。可是后来他不作声溜走了。目睹以上情况,我认为这个医院在科学技术上不会有大发展,对于我来说,非久居之地。在该院工作期间,德国医生到北平大学医学院教书,我去当过翻译。我也曾到北师大生物系兼任讲师一学期,教生理学。当时我无教书经验,且又无时间备课,教得连我自己也不满意。

我在德国医院工作期间,结识了我的前妻吴芝蕙女士。她的弟弟吴黔生(时九岁)因摔伤,肺部大出血,后又患气管病,住北京德国医院长期治疗。因其父亲当时在外地任职,故由姐姐吴芝蕙辍学在医院陪护。由于经常见面接触,久而久之两人情感日增。但当时的中国封建意识十分浓厚,婚姻须经过双方家长同意方认可。岳父吴家驹(祖籍湖南湘潭,晚清留学日本,民国时曾历任数省之高等审判厅厅长或高等检察长,并数次任大学校长、院长。新中国成立后任中央文史馆馆员。《民国人物大辞典》均有记载)之所以批准这一婚事是因他于1915年左右曾任河南省高等审判厅厅长,对河南士绅家族有所了解,并认识我的长辈。

我们于1929年在北京结婚。婚礼盛大隆重,我父母特地从河南到北京主婚。前妻吴芝蕙曾肄业于北京师范大学,为人敏慧好学,温柔贤惠,我与之恩爱相处十余年,抗战期间她在河南嵩县遇难,死于日本人刀枪下。其尸骨于1985年运回郑州。

五、跻身于医学教育

我既认为德国医院非久留之地,素又不称赞挂牌行医,认为从事医学教学符合我的心愿。我回国后常想,我虽非官费出国留学,然对社会和教育的责任是一样的。

我对教学之所以发生兴趣,是我在德国上学时有些教授讲得非常好,不仅能将书教活,给人以深刻印象,且能启发学生的兴趣和事业心,使听者对老师产生敬仰和感谢之心。德国社会对教授是很尊重的,于是我就想将来回国后亦从事教书。因我蕴藏着这种思想,所以遇机会就想一试。

(一)到河北医学院任教

1931年暑期某晚,有几位留德同学在中山公园喝茶聊天,马馥庭说他要到河北大学医科任科长,我就问他,你那里有无人教内科,他说尚无,我说我去吧,他说,你是说笑话,还是真的,我说是真的,他就一口答应了。我接到聘书后,就去和狄博尔院长商量。他说,我们这医院是营业性质,你在此难以拿到很高薪俸,你愿教书,我亦同意,我虽是外国人,也在学校教过书,对你们中国学生我比你了解。你的脾气性格我也知道,你能否对付好学生,恐成问题。你要去就去吧,我们这里给你留一年位置,一年内你随时可以回来。我当时勇气十足,毫无顾虑就到河北大学去教内科了。对这位院长我很是怀念的,他既鼓励我去教书,又给我保留职位,使我无失业之顾虑。一个外国人对中国部下能这样关心,在当时可说是难能可贵的,这也说明我与他们相处的可称融洽。

当我到保定河北大学时,医科已改为独立医学院,院长仍为马馥庭。

我在河北医学院一开始就用声像教学法,经常用病人或其他实物在课堂上做示教,学生易懂,印象深,非常满意。实习时我又亲自指导并随时讲解,学生对我的教学法非常欢迎。除讲课、医疗工作外,我还要编讲义,多在夜间工作,所以养成了熬夜的习惯。三年中,我将内科整个教了两遍,编了一整套内科讲义,由该校印刷使用。我当时主要参考的书是德文多玛路氏(Domarus)的内科概要。这部讲义抗战期间颠沛流离,尤其在河南嵩县潭头沦陷时丢失净尽,现已无存了。

1932年夏,我的停薪留职期已满,是回德国医院还是继续教下去,心中犹豫不决。此时该院外科教授劝我说,你教书成绩很好,在学生中亦有威望,若回德国医院,外人不明情况,可能认为你教书失败了。当时我还年轻,吃不住这一激,所以就决定不回德国医院了。这一决定形成了我的终身职业,一直到现在,我在医学教育界已工作50多年了。

我在保定河北医学院教书时,家仍住北京,后来学校才准备了家属宿舍。

回忆在保定三年中,除了做教学和医疗工作,我还编了数十万字的讲义。在保定的同事们,除几位本校毕业留日归来者,如病理殷希彭、生理贺向初以外,其他多是留德同学,亦都是30多岁,正是风华正茂的时候,加以马馥庭院长领导有方,对大家都能以诚相见,因而大家都有将医学院办好的事业心。有好几位同事后来谈及往事时,说在保定是我们教书的黄金时代,意思是能专心教书,无不必要的事情相干扰。

河北医学院开办于清末民初,迄今已70多年矣。初办时为河北医学专门学校,后并入河北大学为医科,马馥庭接办不久就改为独立学院。新中国成立后,它随河北省政府迁于石家庄市。

20世纪30年代,保定的政治势力是在青年党和共产党手中。医学院和几所中学都控制在青年党手中,与医学院为邻的保定二师是在共产党掌握中。九一八事变后,约在1933年,蒋介石曾到保定一次,就住在火车上,保定的教育界没人出来欢迎他,因国民党在保定吃不开。后为敷衍面子,勉强在育德中学操场召集了欢迎会。育德中学校长郝仲青根本就没露面，因他给孙中山当过秘书，不赞成蒋。河北医学院当时是一个青年党窝，上至院长下至许多教职员都是青年党人。我因在德时与共产党人接近，并且在哥城与青年党做过斗争，留德的外科教授于少卿都知道，他又是青年党的骨干分子，因此他就想暗害我，因未得到院长同意，就未敢下手。此事本系秘密，我何以知道？这是东北青年党九一八后转到关内时，内部分裂，与于等有分歧的医学院事务主任翟仓陆告诉我的。翟后来在开封当中华书局经理，某日告我说：老乡呀，你当时很危险呀！就将此事原原本本告我说了。当马馥庭二次赴德时，我在北京西车站宾馆见了马，就问起这事，他说幸而没听他们的话，否则就糟糕了。可见此事并非虚传。抗战胜利后，青年党的几个头头为了做官，投靠了蒋介石。

（二）到河南大学医学院任教

1934年将届暑假，我父病，电我回汴。不久父亲病故。暑假期间，适马院长调离河北医学院，新任院长蹇先器虽托老前辈傅佩青教授代为挽留我，因与之不识，不便蝉联。再父亲去世需协助我哥办理丧事。因此即应河南大学之聘，为河大医学院教授兼院长。时河大校长为同乡同学张仲鲁。及至我到河大供职，他又离去。旧大学规定，院长每周至少须三小时课，因内科由朱德明教，故我教诊断学。我在这以前，用的名字一直是"张凝"，"静吾"是字；张仲鲁请我到河大的聘书上写的是"张静吾"，从此以后我就以字行了。

河南大学医学院创办于1928年。新中国成立后于1952年按照苏联顾问建议进行院系调整，医学院改为独立学院。当1930年张仲鲁首次任河大校长时，因经费困难，采取裁科并系办法，将医科裁去，此时阎仲彝继陈雨亭为医科科长。张伯英暂代省政府主席时，应医学院人请求，才将医学院恢复。

我到医学院后，目睹师资不足，设备简陋，经费短缺，其他部门又时有掣肘，实难有大的发展，但为河南医学教育着想，又不能裹足不前。考虑结果，只有以时间分段来达到小而精的目标。首先建立了门诊部,使学生有了实习场所,又增聘了几位教师。我到校时,第一届毕业生已选定四名留校当助教。当时医学界师资全国都感缺乏,最好的办法是自己培养。我即选送助教到京、沪一些较好的医学院进修。在这件事上,深得教育部医学教育委员会秘书朱章赓之协助。先后送了两批,共七八名。

1936年,我又向中英庚款委员会请求补助费15万元,主要用于购置医学基础课的设备,如基建和购置图书仪器。时朱家骅为庚款委员会主管人,因留德同学关系,加以同济大学校长翁之龙的协助,我亲往访谈,最后始获批准。此款是分批拨给的,我离开河大后,他们即用此款的一部分建了一座病房楼,可容百余张床。不久日本侵略军逼近开封,致原来计划未能实现。

朱章赓在医学教育委员会任秘书,虽是为美国人服务(因这委员会是美国石油大王洛克菲勒拿的钱),但朱本人却另有主张。他系协和医学院毕业,鉴于协和一切都采用美国方式,他认为这样则中国科学难以独立。所以他们五六个志同道合的人,想逐渐设法将中国医学教育和医学科学独立起来。用中国人办医学教育,用中国话教学,用中文教材等。五六人中有李士伟,我之老同学也。这个意图就是李告诉我的。朱到开封与我谈话时,我说,我们医学院现在所行的,就是你们的主张。朱之所以热心帮助我们培养师资,原因或就在于此。

1936年春,医学教育委员会在南京教育部开会,朱章赓提议要以英文作为全国医学院校第一外语。我发言反对说:现有一半院校是以德文为第一外国语,若一下子都改为英文,必有许多困难,且亦无此必要。其他人亦有赞成我的意见的,因而此案未获通过。此外,他们拟就的会后赴上海参观计划中,竟无老牌的同济大学医学院。睹此情况,很明显,他们英美派是要压抑德日派。我与参加会议的同济大学校长翁之龙商讨,我说,他们是有计划地进攻,我们不能不抵抗。后来始将同济大学列入了参观名单。以后,陈立夫主持教育部,大力提倡中医,美国即撤回基金,朱章赓亦他去,代之者为汪元臣。汪无经济后台,难有建树。抗战军兴后,这个委员会无形中亦取消了。

对英美派的压抑和进攻,我们德日派不能不取对策。乘暑假之便,同济大学的翁之龙、军医学校的教务处长于少卿、山东医学院院长尹辛农及我,来到青岛商谈对策。结果是大家全力协助同济大学医学院,使其成为一个医学教育中心。另外,在某些省份挑选重点高中开设德文班,为同济大学医学院准备考生来源。凡开设德文班的高中,同济大学派助一名外文教师。开封一高设立德文班就是由此而来的。

自青岛返回途中,翁之龙与同济大学生理学教授梁之彦谈,想邀我到同济教书并协助将医学院发展成为医学中心。我当时未应允,后翁又数次函商和电催,我始决定前往。我提出一个条件,即到同济后不担任任何行政职务。

我决定离开河大还有以下原因:河南和河大当局对河南医学教育不很关心,医学院同事无共同的将医学院办好的事业心;经费亦欠缺,难以发展;河南处于内地,请教师不易等。

再一件事是1936年秋,吴某以引诱和威胁手法将我诱入复兴社。我是个教书人,本不愿加入这种组织,但吴对我说:这事已与你商谈,秘密已告诉于你,你要不参加,难免发生麻烦。况且河南军统负责人刘某就住在我家的隔壁,只好加入了。

当时河大在政治上分两大派,即二陈派和复兴社,彼此倾轧颇甚,教师亦不能免,不入于彼即入于此,否则难站住脚。校长刘季洪为二陈派,我既入复兴社又不能脱离,只有离开开封与之断绝联系为好。这也是我离开河大的主要原因之一。

在河大期间尚有一事须提及的。1936年杨丙辰先生主校时,中德文化协会派一德文教师来教德文,名为狄伦茨(Dilenz)。他教学热心,颇受学生欢迎。不料1936年夏初他在城墙上散步,被人杀害。究竟什么原因至今不明。从被害人尸体情况看,绝非图财害命,因他的手表仍在手上,口袋东西亦未丢。最令人怀疑的是从脖子起,将脸及头皮完全剥下带走。我与狄先生谈过几次话,知他对法西斯不感兴趣,而当时德国、意大利正疯狂推行法西斯政策,因此我怀疑此案有政治背景。德国使馆派人参加追悼会时,亦说要进行调查。抗战兴起后,此案即无人过问,所以狄先生死因至今不明。

（三）到同济大学任教

1937年1月,我到同济大学,还兼任设在江湾的上海市中心医院内科主任,因此医院为同济的教学医院。我家亦住在江湾的上海市政府旁边。我除教书和医疗工作外,未担任任何行政职务。

不久,德国拟派几位教授到同济帮助搞科研工作,翁邀我参加商谈。直接与同济大学商谈的是德国驻华大使馆委托的驻上海领事。争论的焦点是这些教授到后,要参加行政管理,而这是我们不能同意的。但德国大使馆坚持这一点。当时我告翁说,德国人还是侵略心理,对他们不能软弱。翁让德文教师廖馥君写回信,后翁又将稿交我看,我加一句说:你们来当然欢迎,若不来,亦不是不可缺的。翁认为这句话太厉害,我说不要紧,他们还是要来的。谁知复信不久,一声炮响,上海八一三抗战开始了,这件事无形取消了。

同济医科创办时,学生是在上海白克路宝隆医院实习,直至改为医学院,仍借此为实习医院。然此院系德国医生私人所办,作为教学医院,条件不充分。然自己无医院,也不得不如此迁就。1936年,上海市政府在江湾建立一市中心医院。翁校长几经周折与上海市政府商谈,最后签订合同,医院所有权归市政府,而使用权归同济大学。至此同济大学医学院算是有了自己的教学医院。时市中心医院主楼刚建成开始使用,建筑质量在当时是比较高的。周围空地尚多,大有发展余地。翁时常考虑,虽与市府签订合同,然终非己有,恐将来发生变化。我向翁建议说,我们应在院内空地上投资建筑房舍,将医学院的基础课学馆如药理、病理、微生物等学馆迁建到院内,造成既成事实,纵然一旦合同发生问题,它亦无法将医学院赶出院外。翁采纳了我的意见,先向某银行借款兴建病理及药理学馆。建筑行将完成,暑假后即可开始使用。八一三战争开始,一切又毁于战火。

上海大商周宗良素日热心教育,欧战期间曾为同济校董,出资维持学校。1937年,又愿出资百万元,在沪西筹办一医院,永久与同济大学医学院合作,作为教学医院。双方协商并签订了合同,送教育部备案。我与梁之彦均参加了商谈。医学院既有了市中心医院,现又有这个永久合作的医院,则临床教学当无问题矣。可惜随战局演变未能实现。

八一三战争开始后,同济大学和市中心医院均仓促迁入租界内。翁即利用迁沪之医务人员做救死扶伤工作,以表大家的抗日救国热忱。先在小沙渡路办一临时伤兵医院,并派我负责筹备。当时上海各界,尤其是工商界群众,爱国热情很高,要什么,给什么,并且都亲自送来。因而一周内即将120张病床的伤兵医院筹备妥当,开始收治伤员。伤员全由群众护送团体送到医院。目睹这种热情,无不为之感动。

我因在国内和以后在国内基本上专注于学业,政治知识缺乏,对抗战估计得太幼稚和天真,认为战事不会持久。战争中,吴淞校舍、江湾医院均毁于炮火。我在考虑战后如何恢复,为求战后恢复能得到政府的大力支持,那么我们在战争中对救护工作就须做出积极贡献。当时新上任的军医署长张建虽系新交,亦留德同学。战线拉得如此之长,东北直至淞沪,他必感军医人员之不足。为了战时增加救死扶伤力量,我专赴南京向他建议说,许多医学院校都迁到大后方,教学医疗均处于动荡不安中,战时当以抗战第一,军医署可令各医学院校承办一重伤医院。这个建议被他采纳,不久,军医署即商同同济大学承办一重伤医院,并委令我为第一重伤医院院长。我们因在上海忙于临时救护,不能很快筹备,马上建起,后来才改为第五重伤医院。据了解当时共成立了12个重伤医院。河大医学院承办了第十一重伤医院。本着热心从事救护的精神,同济大学医学院又承办了上海红十字会第一重伤医院,由公共卫生教授李宣果任院长,设于杭州。

我于9月底某晚,带领医护人员数十名和医疗器械,冲出前线向苏州出发。因系前线,行车不准开灯,结果一卡车陷入战壕中,幸无人负重伤。在苏州经当地士绅和老同学杨和庆协助,院址选定在太湖边的胥口镇张家祠堂内。又经当地群众协助筹备,约经半月即开始收治伤兵。此院按编制规定为400张床位,后来奉命收到600人。院内除在当地招收百余名看护兵外,余皆系同济大学及上海市中心医院的医护职工。我因到同济不久,与这些人没有深的认识,更无私人关系,其心性和工作能力更不了解。但大家基于爱国热忱,均能共同努力完成任务。

上海市中心医院的护士我带出二三十人,年龄均在 20 岁左右。我想既把她们带出,要对她们父母负责,不能出什么问题。因此让她们住在办公室里面的房子,我就睡在办公室的外面,她们晚上还有夜班。约 20 天后,伤兵的伤口不是愈合就是大见恢复,许多已经能起床行动。某日我与医务主任黄榕增、事务主任姜寿椿商量说,这样子,年轻护士值夜班很不安全,出了事我们对不起人家的父母,因此决定撤销夜班,也估计撤销后伤兵必要闹事,所以我们当晚坐在办公室等待报告。果如所料,夜 10 点时来报告说,院长赶快去吧,伤兵都起来了,要求换药。我们三人即走向病房,见院内伤兵已满。我看情况不妥,今晚要挨打,就急中生智,搬一凳子,上去大叫一声说:我向大家报告前方消息!伤兵们一下子都静下来倾听,我就让两位主任分别向两边院内报告。有什么消息报告?当时没有战报,还不是瞎胡乱说一阵。我说完后,就问哪位弟兄要换药,有两三人要求换。就这样,无事了。从此就撤了夜班。这件事说明,我们办伤兵医院是热心有余,经验不足。

1937 年 11 月至 12 月间,国民政府军队从上海撤退时,苏州形势危急,我事前毫无所闻,只身赴苏州领款,在城门洞见有苏州警备司令布告,署名者为刘培棠,是否为我所识之刘绍先?我就试访,名片递入后,刘即出来接我。在此军情紧急中,能会见多年未见之老友(在北京时相识),倍感亲热和高兴。他即留我在其司令部过夜。当夜敌人轰炸很厉害,我们整夜都躲在防空洞中。次晨,他问我来苏州干啥,我说取款。他说情况很紧,外面很乱,你把款单交给我,我派人代你取。我目睹此情况,认为医院须做撤退准备,我即电话告诉医院,抓紧准备撤退。午饭后刘告我说,我派车送你赶快回去,准备后撤,我撤退时再以电话告知你。谁知此一别竟成了永诀。后得知刘某病故于随县一带。当时若不遇刘,不说款取不出,带着几百伤兵的医院仓促撤退,还不知狼狈和危险到什么程度。我对这位朋友的感激心情他竟不能有所闻,每念及此,对之无限怀念。反之,上至军医署,下至地方军政负责人,直到抗日胜利,竟无片纸只字令医院撤退和布置。由此可看出当时领导阶层对下级的爱护和全面指挥能力是如何低劣无能。每忆及,常为之叹息不已。

我回到医院后,日夜准备撤退事宜。先将伤兵送至附近陆军医院。二三日后,待子夜11时,一切装船工作均已完成,还和当地父老聚了一次餐。都上船后,我下令到12时开船西行过太湖。片刻后,大家喧哗不已,我问何事,他们说,院长洪福呀,刮起了东风,赶快开船!我看众情难阻,只好下令开船了。于是大小船十余只,顺风西行。当时听说太湖洞庭山有匪徒,因而我心嘀咕,就披着雨衣站立船头,直至过了洞庭山,月落西方,才入船卧睡。至午,船抵达西岸。往访宜兴县长时,他说:我已下令封口,你们怎么过来了?我说:不错,老百姓正在打桩封口。到宜兴站脚未定,朱副官带伤兵船又赶来,说人家医院不收我们的伤兵。我闻后,非常着急。向后撤退带着伤兵怎么办?我去找军医署代表,他与刘绍先是朋友,可能他听说过我,即慨然将伤兵收下。这样,我确如释重负。他还说,你们可到芜湖。谁知船行至溧阳东坝,坝高不能通过,即将器材卸下运至坝上,人员暂住某小学,另待觅船上行。无奈几天后,苦找不到船,虽在区公所登记,亦无用,因上海许多军政机关撤退都集中在此。某日,我登高向对岸瞭望,见有空船十余只,适身旁有五十七师一位副官说,咱们去夺他们的船行不行?我说,可以。他说,你们有枪支吗?我说,有几支。向对岸出发途中,我想我们须商量好,船弄到手如何分配,免得打闹起来,我们吃亏。及至对岸,这位副官大声喊说:这是我们重伤医院张院长,我们在此等候多日,一直无船,你们这些船闲着,应交我们使用,争吵多时,船上的副官坚决不给。五十七师那位副官说,我破釜沉舟告你说:你给也得给,不给也得给。并命令兵士将子弹推上膛。船上的兵亦将子弹推上堂。在此剑拔弩张、千钧一发之际,我忽然想起这位副官打出的是我的牌子,若打死了人,人家会告我。于是我就叫喊不准开枪,赶快向船上副官说:李副官,你年轻,咱们现在要讲道理,都是一条战线上下来的。就是讲人情,你也应该让给我们几条船。他一听此话,急转直下,马上就说:张院长既是这样讲,我就将船让给你们一半。一时紧张情况顿然消失,结果五十七师分了四只船,我们分了两只。我就让重要人员和重要器材先走,到芜湖聚齐。

这一场争夺战是软硬兼施取得胜利的。后来我想,那船上的副官很是机警聪明,他审时度势,一听我的话就知道是台阶,急转直下,阻止了流血事件,对双方都有好处。

到芜湖,我们住在某税局内。此时宣城行将沦陷,情况已紧,医护人员急于离开,而我脑子不灵活,书生气十足,认为我是主管人,未奉上级命令,不便离开。某晚,除事务主任、副官和几名工友表示愿意与我共进共退外,余皆想离去。他们已与逃难的有钱的某官员联系好,随人家以3000元雇得的拖船去九江。当晚我颇有孤独之感,认为下边人不能与我共甘苦,心情甚为凄然。次日早晨,有国民党人刘某来税局见我,说他是保定人,我在保定曾给他看过病。谈话间我把医院人员心情告诉他。他说张院长别书生气了,县长都走了,你还在此干什么?听他这一讲,我马上决定同下边人一块走,反正他们已经准备好了。临行,我令朱副官明天早晨一定离开芜湖。我到九江后即乘火车到南昌,在旅社住了几天,未得到朱副官的消息,甚为不安,因医院的大队人马和物资是由他带领着的。我令其弟回九江雇一小船沿江而下,去找医院其他人员。几天后,朱副官来到南昌,见面就大哭说,院长你真是洪福呀,你们走的次日,所住的税局就被炸了。

我到南昌后,适同济大学校长亦到,谈话中,始知同济大学要由金华迁往赣州。他与我商量,想把留上海的医学院临床部和第五重伤医院迁到吉安,作为实习医院,并命我负责筹备此事。我身为教师,认为责无旁贷,即请允我辞去重伤医院事。因重伤医院是我代表同济大学办的,辞职须由同济大学代我向军医署辞。继我者为公共卫生教授李宣果,因此时已结束了上海红十字会重伤医院的事。

我之所以辞重伤医院事,除要筹迁医学院临床部外,还因我不懂军事,亦不懂军界中的上下关系。再军事变化很快,上边难以全盘筹划、预先布置,遇变全凭自己力量,而我又无领导功底,同事中亦难融洽合作。苏州撤退时要不是刘绍先及时协助,我那个医院不是被俘就是崩溃。我从苏州到南昌月余中始终未奉到上级片纸命令,全是自己考虑的后撤道路。且半年来我东奔西跑,身体确感不支。为勘察院址,在吉安附近泰和县跌了马,腰部受伤,行动不便。我辞去重伤医院院长后,即全力筹迁医学院临床部到内地复课事。1938年夏,临床学生来到吉安上课。在行开课典礼后,翁要我任医学院院长,我坚辞不就,推荐宁誉,因宁留德18年,论年资学识均较我高。我意甚坚,无办法中,翁只好采纳我的建议。就这样,我卸去了一切行政责任,回赣州校本部。不久,因翁、姜寿椿(同济大学秘书)和我三人的家属从上海到内地,我就同翁及姜乘学校车到香港去接她们,几日后我同德国某教授先回赣州。

不久广州军情紧急,学校又要后迁。在校务会议上,翁提出工学院祝元青、医学院德国教授史图博和我三人赴广西勘察校址。我要求我妻一道去,因校址勘定后我就不回来了。我们在广西奔跑了两个月,由省政府协助,曾到贺县、桂平、贵县、龙州等处勘察,最后确定贺县八步镇产锡矿区为校址。工学院来人正在积极筹建简单房舍准备上课时,广州又告失守,而八步与广州北三水城有河相通,同仁多有不安全之感,因而立足未定,又要向昆明迁移。

当学校决定再迁昆明时,我与大家商量说,我已深感疲惫,请他们多偏劳,他们同意,但请我将他们的家属绕道河内带至昆明。于是我带了老弱妇幼30余口,经柳州、南宁、镇南关、河内转向昆明。河内系越南首都,理应乘此机会稍做游览,然大小30余口,路费又不宽裕,故只在旅馆住一宿,就乘车北上。当时通往昆明之火车还是窄轨小车。途中我想学校在昆明尚未迁定,数十名家属到昆明安排住处确实困难,因此我们在中途开远(阿弥州)就停下来,以待昆明消息。故月后我们始到昆明,老幼均安全无恙,同事们均以为慰。住处他们已安排妥当。

在开远停留期间,终日无所事事,晚上常到越南人开的咖啡馆坐坐,见越南小孩在做功课,看了他们的课本,汉字已罗马化了。在开远我首次看到木棉树。我也曾访铁路上的越南医生,其房中的陈设大体上与中国相同。学校在昆明分散为18处之多。为了学生能上课,我在翠湖公园附近某家祠堂筹办了门诊部,并设有教室,亦就开始上课了。

学校迁到昆明后,翁校长因某种原因,竟对校事持消极态度。值此戎马倥偬、动乱不定之时,身为一校之长,应聚精会神,策划一切,而他竟将学校撒手不管。同事们曾多次劝谏,终不采纳。某日,各院长和系主任约其在饭馆会餐,借以商谈校事,而他竟不终席而去,大家非常失望。无奈何中,为了学校前途,只有推举代表上陈于教育部。时部长为朱家骅,翁之同学也。他察翁既无心于校事,即以赵士卿代之。当时我察校情短期内难恢复正常教育,心已不安。适军医学校教育长张建到昆明,谈次得知同济情况,他就邀我到军医学校教书,我即慨然应之。因军医学校中的许多教授(军事学校称为教官),多是同济或留德同学,该校已迁到贵州安顺,安顺是后方一小城市,在此或可安然进行教学工作。

(四)到军医学校任教

我偕妻于1940年元月离开昆明,乘长途汽车走了两天始抵安顺。沿途山水类似广西,但已接近北方风味。经过黄果树,见到大瀑布,甚为壮观。到安顺先下榻于旅馆,数日后即开始上课。在我之前教内科的是杨济时,他是英美学派中的名人。既是军医学校,当然一切是军事办法。目睹学校上上下下,兢兢业业,颇有朝气。我虽系初到,但在教师中不感生疏,因同学老友甚多。临床方面只设有门诊部,附属医院正在筹办中。某日张建对我说,现在两职让我兼一个。一个是附属医院院长,另一个是医科科长。当时该校有医、药两科,后来又增设了牙科。我说只愿教书,决不愿兼行政职务。他再三劝我,我坚不允诺。无办法中,他最后说,他自兼附属医院院长,让我代理他全权处理院务。说至此,我只好应允了。我之所以不兼院长,是我在重伤医院时对军中官场没有好的印象。军事机关中上下行文措辞很不客气,我们知识分子在精神上难以忍受。再我无做官本领,一旦不干,连报销之类的事情都没人给我办,我何必再蹈重伤医院的前辙。张建给我一手章,我只执行业务,对上下内外概无我的名字,如此我心中就没任何顾虑了。就这样,我在军医学校干了四年,并与张建相处得很融洽。除大事我向其请示外,其余一切完全由我处理。

在安顺的 4 年中,我一半精力用于教学,另一半用于筹建和管理医院。安顺原系一府,后改为县,因之城内既有府文庙,又有县文庙,规模均相当大。医院即筹建于府文庙中,其旁尚有一祠堂。我们在破旧房屋的基础上,用学校经费和地方的公私捐助,整修旧房,扩建新房如手术室、阶梯教室、结核病房等,在某家祠堂中又设了隔离病房。病房分头二三等,床位达 200 余张。在附近的另一家祠堂先已开办了门诊部,每日可看数百人次。门诊和病房除伤病兵外,亦收治当地群众,因此地方人士大称方便。军医学校在安顺期间与地方绅商和群众的关系处得很好,感情亦颇融洽,当地人至今仍津津乐道当时情况。

在安顺时期,抗日的远征军多经此西行,军医学校以东道主招待欢迎,我常作陪,因而见到过抗日名将如杜聿明、孙立人和二〇〇师师长戴安澜等,因医疗关系与戴来往较多,惜他到前线不久即阵亡。灵柩运回经安顺时,我怀敬仰心情,手持紫薇树鲜花前往悼念。

安顺军医学校的师资队伍、教学设备、教学方法和科研等方面,当时在全国的医学院校中还是最优的。师资来自各方,都是学有专长、富有教学经验的 40 岁左右的人,德国留学者居多,亦有留美和留日的。设备方面因军事第一,凡是能买到的都尽量购买。所以学生实习,课堂示教,都可达到听视教学的要求。临床课更是如此,能以病人示教讲课。当时尚无电教设备。学生因无社会上不良情况干扰,学习都很努力。因此种种,所以抗战期间,培养了不少优秀医务人员。这些成就之取得,除物质条件优越外,与张建的领导是分不开的。他知才善用,又能待人以诚,因而使大家同心同德将医学教育办好。1940 年此校 40 周年校庆时,设在贵阳的以林可胜为主的英美派所主持的红十字会医疗队同仁来校参观,他们素以高傲自居,而参观后竟坦率地说,以前认为德日派只会办门诊部,现在看来医院亦办得很好。

1943 年春,迁嵩县之河大医学院同仁函电邀我回河南。我因在安顺军医学校的教学事业才初具规模,与领导和同仁相处亦好,尚不愿回豫。但是抗战已达七年,精神上对抗战已感疲惫。国民政府终日喊叫"最后胜利必属于我",而军事上反而节节败退,大半河山已相继沦陷,因此我对抗战前途不免悲观,随之而起思乡之念,然还未能决定行止。

某次,我在校务会议上发言说,中国如此之大,以一个军医学校,包办不了全国的军医事业,应敞开大门,广纳全国各校医务人员,才能提高医疗质量,完成救死扶伤任务。这就触犯了该校嫡派头脑人物张某的忌讳,再加上某几个别有用心的人从中挑拨,有人冷言冷语向我攻击。因此我就决定上辞呈回豫。张建与之系同校毕业,准否我辞,他必感困难。我辞意甚坚,义无反顾。1943年冬,我偕妻乘在安顺之故宫博物院开往重庆之车离安顺,到重庆暂往同学宁誉处有约一月,并到南温泉游玩一次,因同学许某在该处开业行医。我与妻于12月间经陕西汉中回到嵩县。

(五)二次回河大医学院

当时洛阳与嵩县间尚无公路,我们雇了两辆架子车,至下午4时许才临近县城。医学院设在县城,大学本部设在距县城百里之潭头镇。学生闻我归来,派代表萧协五等郊迎我20里,县长罗渭滨迎我于城门外,进城后全体学生夹道欢迎。看情况,他们是殷切希望我回来的。当时医学院因阎仲彝去后,院务无人主持,由鲁章甫、宋玉五及夏一图三人暂为维持,我到嵩县后,因仍厌恶行政工作,只想教书渡过抗日战争。无奈河大校长王广庆非让我兼院长不可。当我固辞时,他含泪说,你若不兼此职,我就有很大困难。在这无可奈何情况下,只好应允。再我目睹学生及同仁们欢迎我的情况,深感其诚,深知他们的心情,若坚持不干,会使他们大失所望。这是我内在的真实想法,并非由于王之含泪。我到潭头镇去开校务会,途中看到峰峦叠嶂、山路崎岖,看情况日寇不会侵入,内心感到安全。我想抗战胜利不知何时才能取得胜利,与其坐待,不如振奋精神先搞好教学。于是根据现有条件,整理图书室,使大家有地方阅读;提倡声像教学,启发学生智力;改善医院工作,遇疑难病症就组织有关人员开会讨论。在举行纪念周时,我就勉励学生要坚持学习,接受老师的严格要求。这样一来,振奋了士气,久居山中的沉沉暮气在一定程度上有所变化。

寒假过后,我回老家省亲一次,并将我四侄带出,因为巩县距日本占领区太近,不安全,跟着我在教育机关中上学可方便些。

1944年"五四"节过后,当一切顺利进行时,忽传日寇要进攻洛阳,情况突然紧急。不日,学校即派牲口(当时县城与潭头无公路,来往都是骑牲口)来接我,并要医学院全部即迁潭头。当我偕家属临走时,将迁移事委托于宋玉五教授,沿途运输委丁宝泉医师负责。我到潭头几日后,某日下午,正在校长室开会,忽有人进来说,敌人离此只有二三十里路了。于是大家一哄而散,各自逃生。我因初到潭头,人地两生,究竟逃往何处,毫无主意。正在踌躇间,校长从窗前走过,他正欲逃走,我就喊他说:校长,怎么办?他未作声而去。我没听说他耳聋,他是会听见的。当时我想:你身为校长,事前无安排,事来又不管,只知自己逃命,心里很是气愤,真可谓关键时刻识别人哪。适我有一位表弟刘祖望跟我在一起,他是化学系学生,在潭头已数年,他妻与妻妹同他一块儿,这两女子都是医学院学生。刘祖望说北边有一邨,我们往北跑吧。当晚就宿于此邨,次晨好向山中走。中途在一老乡家稍憩,远看山上有几名士兵,不像中国兵。回到窑洞内,我说快走,不料日兵已到大门口。我马上用日语说我是医生,因我在东京时知道日本人很尊重医生。这样我们就被俘了。随日兵绕山路行军,从早到晚未见中国一兵一卒,汤恩伯的部队比老百姓跑得还快。在随日本兵行走中,我妻说,素日常见有井有河,何以现在都看不到?言外之意,有井有河就要跳进去。行到中午,日兵在潭头西之张邨吃饭,将我与侄禁闭一室,有一日兵带刀来说,今晚杀头行不行?我说随便。但我心里想,最好用枪把我打死。他们饭后,又令我们跟他们走。待至太阳西落,我们一日未进饮食,均已疲惫不堪,我妻说,她是不能走了。我就用日语和德语向一军医说,我的老婆已不能走了,让我们回去吧!我反复说,又比画手势,他才明白我的意思。他就写一条子让我们回去。此时表弟刘祖望和其妻李先识及妻妹李先觉喊着说:表哥呀,怎么办呀?我又向一军官说,他不理我,就将他们拉走了。我得到这条子,认为我可以回去了。这个军医还说,你们累了可以在路旁休息休息。不到一刻钟,又来一队日兵,其中一汉奸来抓我,我把军医写的条子给他看,他一看就把条子撕了。这一来,我想没有希望了。他拉我走,还打我一拳。没奈何中,我就运用相面术,看敌兵中哪个面善,我就向他说日本话"回去",他懂我意,说再走走再回去。过了几分钟,我说:我回去吧!在此刹那间,忽听人群中有一声音说,你还不赶快跳沟里!我就毫不犹豫,也不管沟有多深,就跳下去了,谁知中间有树把我挡住了。我就趴下装死,一动也不动。日落后,听路上无一点动静,我就继续往下跳。沟底是一条小石河,我蹚过石河到对岸,上去山坡,遥见大路上有人走,我就举起双手,大喊,救人呀!其所以举起双手,是我素知嵩县匪徒多,有打孽恶俗,他们出门都带有枪支。及至他与我接近,问我:你是哪里人?我说:是河大的。他说:老爷呀,你看我带的是啥?他就拿出驳壳枪让我看,他让我到邨口某家,住在牲口屋内,剃了头,换了一身破烂衣服。次晨即随百姓往山里跑。在百姓中听说,在杨坡岭有一女人被日兵挑死,有一男孩脖子被日兵刺伤,挟着一片破席昨晚在某洞内躲了一夜,也跑往山沟了。听后我想,一定是我侄和我妻。但我还不便暴露身份。后来有人问我,老乡你往哪里去?我才说我是河大的,我随你们走吧!他们说,前面有一沟,叫没门沟,其中一位老头,外号仁义老张,你去找他吧。乃至与这位老人见面后,我就将一切情况告诉他,他就留我与他在一块儿。老先生名张凤祥,已70岁了。次日同这位老人商量能否陪我去找我的侄子,他满口答应,他说只要在这一片,他都能找到。我们走着,见人就问。在某家门口休息时,有一中年妇女说,你们不要走啊!停了一会儿,她端出两碗面条要我们吃,我感到山中农民厚道朴实可爱。又走一段路,打听着,有人说,今早有一受伤孩子跑到王某家。我们进去一看果真是我侄子。与我侄见面后,一看,才知道食管被刺伤了。我们向王保长道谢后,张先生扶着,有时背着我侄子回到他家。嵩县人民都知道参加辛亥革命的刘镇华,后来当了镇嵩军统领,他的部下有很多嵩县人。我就据实告老先生说,我这侄子是刘的外甥。他说:我曾在刘的部队当过团长,你放心吧,只要有我,就有这孩子。第二天,我又与老先生商量,能否派人去找我妻的尸体。他就派了两人同我一道去,走一段路后,他们说,你坐在山头上瞭望着,我们下去,若无日兵,我们向你摆手,你再下去。一会儿,见他们摆手,我下去了,一看我妻躺在地上,头上被刺了一刀,心口处刺一刀。我目睹此情况,内心极为惨痛。我妻吴芝蕙出自书香门第,性情淑雅好文,我们结婚以来琴瑟和合。今她骤遭惨亡,我心中之痛苦实倍于她之久病而去。不禁痛哭起来。我哭叫后,干急没办法。与同来人商量,就拜托附近邻里人,就地无棺无席掩埋了。我身无一文,只有叩头表示感谢。十多日后,我们离山住到张老先生家时,我与他商量,请他代为我妻立一石碑,我写了碑文交给他。我妻是死于1944年5月16日下午。老先生均一一照办。数十年内,老先生和其家人,每逢清明节都要到我内人坟上看看。张凤祥的一家人在我遭难照顾我和我侄,可说是无微不至。我家之有今日,与他们的照顾是分不开的。所以我们全家以及亲友闻之无不感激。

我突遭家破人亡之祸,痛苦心情实难形容。痛苦之余,我最发愁的是受伤之侄。他因食管刺伤,饮食尽从伤口漏出,近十日不能进饮食,除消瘦无力外,头发亦逐渐脱落。山中无医,看情况生命难保。我认为坐待不是办法,因此在当地人陪同下,我越过危险地带,翻山越岭去找河大。中途遇河大同事,始知学校已迁往淅川县之荆紫关矣。归途中,老想我侄不能进饮食,岂能坐看其饿死!当道经河大化学系试验室时,忽然想到橡皮管可以代胃管,就进去找了几根橡皮管和漏斗。到山居后,告我侄说,这就是你的生命线,要忍痛苦将管插入胃内以进饮食。我将管口磨光,并用热水泡洗后,就插入我侄的胃,进饮食后亦不拔出,待晚饭后始拔出。如此一日只插管一次,因能饮食,我侄始得救。后来他学会了自己插管。敌人已去,山中不可久居,故随张先生迁回他张邻原宅,此邻距潭头不过一二里。某日,我在潭头遇见辛亥革命老人刘基炎(号庄夫)先生,谈话中得悉他是我的老前辈,困难中遇此老人,倍感亲切,他劝我要速设法离开潭头。最后得到县长罗渭滨之助,派人抬我侄同刘庄老一直到伏牛山中庙子街。时麦将熟,不便让农民再远送。刘庄老陪我去拜访该地的王仲廉军长,请其派担架兵将我侄送至西峡口(当时尚未设县)。王慨然应允,并送我路费3000元。我说派担架已帮我很大忙,路费我决不要,到西峡口找到河大就有钱用。因我辞意甚坚,他才将款条收回。次晨动身,越过老界岭,晚抵二郎坪。我侄伤口一天未换药,听说该地有一野战医院,我即使人持名片前往该院询问有无军医学校、河南大学或河北医学院毕业的学生,若有,请派人来给我侄换药。稍后来了两位带换药器材的医务人员,他们都非以上学校毕业者,我确感到"人不亲行亲"这句谚语真是千真万确。次日,日行120里抵达西峡口。河大秘书杜新吾迎接于途中,说:你有一个学生在此开医院,听说你来,一切都准备好了。及至,方知是河北医学院毕业的王作楫(号华五)。我们在他的健华医院住了月余,王很重师生感情,在各方面照顾得很好。同乡和亲友知我遭难,纷纷给我送钱送衣,阎仲彝又来为我侄行手术。几日后,上官悟尘夫妇亦到西峡口,他们亦是被俘逃脱的。老友患难相遇,彼此有说不出的痛苦。

当我到西峡口时,河大和医学院已迁到荆紫关。某日,医学院学生代表来邀我到荆紫关去一趟,因同学们关心我的困苦情况,而我亦惦念青年们的颠沛流离之苦,所以我到荆紫关对医学院学生讲了一次话。我说,一所大学放在作战指挥所前边是很不妥当的,我们应接受嵩县的教训,要学生们对前途好好想想。言外之意是要他们同学校当局商量。嵇文甫教授约我谈河大在荆紫关如何,我说此地很不适宜。后来听说河大当局对我说这些话很不满意,认为这是鼓动学生离去。

河大医学院设备并不很好,唯对教学尚勉强够用。经此逃难,全部丢失,绝大多数教职工、学生亦多是仅以身免,慌乱中还有几名学生丧生。除我虎口余生外,农学院院长王直青亦是被俘跳沟逃回的。抗战中全国大学遭劫最甚者,莫过河南大学,校当局和其他领导均应引咎自责。河大遭此浩劫和一再迁移奔波,主要原因是地方主义思想在作怪,河南大学虽改国立,亦未能迁出省到大后方。当时河南官方报纸曾有人撰文反对河大迁到外省。反之,西南联大、西北联大、军医学校、浙江大学,等等,都是一次迁到大后方,不仅人员设备没受损失,还能稳定地进行教学。对事情有无卓识远见,能否高瞻远瞩,主持人有无魄力,便决定事业的前途。

侄儿手术后,食管伤口仍未愈合,于1944年夏初到西安求医,住我堂叔所开之铺内,就医于外科医生张同和诊所。张只是每日换药清理伤口而已,未敢提出手术治疗。看情况，因医疗水平所限，难以奢求，好在我侄以橡皮管进饮食，营养大有恢复，只好等待来日。

此年冬，张仲鲁第三次掌河大。我因为侄治疗，不能脱身，故暂时脱离河大，未应张之邀回校协助，而张亦能体谅我之苦衷而不怪。虽然如此，他在西安凡遇医学院事，总邀我参与商讨，而我亦不忍心撒手不管。

在西安，迫于生活需要，应河北医学院同学朱天佑及穆致中的邀请，在他们所开之医院行医，同时又应军医分校滕书同校长之邀，到该校教神经精神病学。

1944年秋冬之交，荆紫关军情紧急，河大师生步行向西安出发。我们参加西安河南同乡会开会，讨论招待及食宿问题。时张伯英（名钫，伯英是他的字）先生不在西安，同乡们讨论半天，也拿不出办法来，而河南省府驻西安的办事处亦不管。眼看千余师生就要到来，同乡心中非常着急。适此时伯英先生回到西安，他即与陕西省府和胡宗南电话商量，食宿问题很快解决了。某晚学生到达西安时，伯英先生还亲自指挥学生到吃住地方，当时我亦在场。经过这件事，我很佩服这位所谓豫陕两省绅士，他既负有两省声望，又爱护青年学生，遇事又能勇敢负责，胸襟广阔豁达，真不愧为辛亥革命时豫陕两省主将之一。

医学院师生在西安只做短时休息，仍须到别处寻院址。张仲鲁心中无数，我向其建议是否可到汉中，因西北联大医学院也在汉中，其院长侯宗濂曾愿协助。张仲鲁同意我的建议后，医学院师生即首途前往。

不久，田培林来掌河大，将河大迁至宝鸡附近石羊庙。张仲鲁本为国民党二陈派人，朱家骅继陈立夫为教育部长后，即派田培林为河大校长。医学院因在汉中与大学本部相距甚远，行政管理诸多不便，故于1945年春亦迁宝鸡姬家店，与校本部仅有一河之隔。医学院迁汉中，因我已离学校，故聘朱德明代理院长职务。后因当年毕业班神经精神病课尚无人教，我须前往补课。当我将课补完时，田约我谈话，一定要我回医学院。我说，我有困难，一时尚不能回校。次日，因医学院教授间有不团结现象，田到医学院召集学生讲话，事前并未得我同意，就宣布我为医学院院长。数日后，日本宣布投降,战争结束。冬日,河大即行复员返回开封。

我侄一直用橡皮管进饮食,但面汤稍一稠,即流动不利。我考虑到长此饮用稀面水恐营养不够,热量不足,除增加维生素外,若能够摄取米面,当较为好。时值秋末,市有烘柿,我想烘柿中除含维生素外,还含有单柠酸,有使扩大了的淀粉颗粒收敛的作用,它可将稠汤变为稀汤,如此岂不可多吃些碳水化合物以增热量。我就将烘柿加入稠面糊的汤中,捣拌后汤即稀如水,在橡皮管中就顺利而下。无奈市面上烘柿出卖为时甚短,20天后,即不见有卖的。有人说临潼有卖的,我到临潼亦未找见,颇为失望。在回去路上想到,柿饼亦应该可以,因柿饼仅是失去了水分,其所含成分仍在其中。我回后,先将柿饼切碎泡于水中,然后捣拌成糊,加入面汤中,亦能将汤拌成稀水。就这样,我侄一直用到1952年,丰富了营养,保持了生命。我名此曰"柿子泻汤法"。

当年冬季,我同侄亦回到开封。先在巩县老家停了几日,到家后,我母及我兄闻我妻被杀害、侄受伤,心中很难过,但均未说出口,以免引起我的悲伤。春节前我携侄在中牟县渡过黄河,回至开封。这是因为国民党军队力阻止日军西进,曾将黄河郑州花园口决开,使其南流,故我们须在中牟渡过黄河。

我妻吴芝蕙惨亡不久,许多亲友甚至芝蕙父母都劝我早日续弦,在西安时亲朋亦曾为我介绍数人,唯当时我之首要任务是为侄儿治伤,救侄之命,故对续弦之事未敢考虑。回到开封后,亲友们又劝我续弦,直到1947年,我始恢复家庭生活。

1947年经河南大学同事王雨尘和党玉峰介绍,与小儿科医生毋爱荣在汉口结婚,因当时她在汉口毕业实习。

毋爱荣系河南大学医学院第十四届毕业生,毕业即留校工作。医学院规定,凡留校者,必须是班级前几名,与她同留校的同届毕业生还有张延荣、王庭桢、张任等。以后他们几位均成为各人所在科的知名专家、教授。

毋爱荣在校时是品学兼优的学生,深得在校教师、同学喜爱。岳父毋振明是河南禹县(现禹州市)享有众望的牧师,曾和美国的知名牧师文道辉

（David Vikner）共同创办了禹县第一个信义会基督教堂。爱荣及两个弟弟毋信喜、毋望远（信、望、爱取名来自圣经）都是虔诚的基督徒，从小受洗，在教会长大，故英文、钢琴都娴熟，是当时颇少有的受过西式教育的学子。医学院有时请美国专家讲课，由她当场翻译，联合国救济分署小儿科医生马克菲尔在医学院工作时（教课、查房、门诊）亦由她做翻译。基督教的家庭给了她不同寻常人的内心素养，坚贞、正直、忍辱负重。当我经历三反、五反、反右运动时，领导曾数次找她谈话，要她揭发我并和我划清界限，甚至离婚，她都不予理睬。因为她相信我不会做那些事。她与我相伴至今，陪我经历了政治上的风风雨雨，尤其是1957年后20年右派生涯的世态炎凉，从无一句怨言。她性情温和，相夫教子；对工作认真、几十年如一日，为河南医学院小儿科元老之一。

前妻吴芝蕙无所出。我与爱荣结合后，从1948年始陆续有一子和二女，子宏时，现在工厂做技术工作，长女宏锦，在高中教英语，次女宏改，做医务工作。

医学院复员开封后不久，正逢行政院善后救济总署河南分署成立，其署长马杰知河大医学院在战争中受损失最大，所以在医疗物资和经济上对医学院帮助颇多。学院得以修房舍、添设备，附属医院得以于夏初勉强开诊，学生亦开始上课。

1947年夏，我被迫兼任一段时间河南省卫生处长。所谓"被迫"是这样的：当时河南政界有一种斗争，社会上有一部分人反对刘茂恩当省主席，因难达目的，为了挽回面子就转而攻击卫生处长，说他贪污。南京卫生部知道后就向刘推荐我来当卫生处长。我是个教书匠，既不会做官亦不愿做官，推辞了两三个月，某日刘的四哥劝我说，你表哥有困难，你能坐视不救吗？这话很尖锐，我不便再推，且心里明白，我是个过渡人物，就告刘说，我可以干，少则三个月，多则五个月。三个月后，我就携侄赴南京治伤，临去时，我就暗中上了辞呈。我在兼代处长期中，除办日常照例公事外，未做任何建设性事情。除我存有五日京兆之心外，在当时情况下亦不允许做何建设性工作。我虽兼任处长，仍在河大支取我的教授薪，每月在卫生处只拿少许办公费。

三个月后，我回汴为应届毕业生补课，而我的辞呈仍未批下来，我即访省府秘书长马凌甫老先生，我说再不批，我就坐在办公室绝食等待。他说，何至如此严重。春节后不久，我侄由南京来电说伤口复发，正遇我嫂在汴，嫂拟同赴南京，但我不能再背处长之名，故我嫂就商于其弟茂恩，才允我辞去卫生处长，并以上官悟尘继之。

当1947年携侄赴南京治伤时，因用费无著，故将开封某街一处住房卖掉。初我侄在南京中央大学附属医院外科治疗，主治者为万福恩教授，当时为国内驰名外科医生。因该院病床紧张，且花费较大，他建议到汤山住陆军医院，因他在该院也兼有职。再该院院长景子军亦我的旧相识，他给我们许多方便和照顾，我侄住在将军病房达半年之久，我亦在招待所住了数月，医疗食宿未花一文。万在该院做手术时，特邀耳鼻喉科主任胡懋廉教授同来。据万说，耳鼻喉科医师惯于在狭窄孔道中做手术，故邀其来协助。其考虑问题之周，使我很为感激。术后，我满以为此次手术可望成功，故我返汴为学生补课。谁知春节后，我侄来电云伤口又发。

我兼卫生处长时即辞掉河大医院院长兼职，并推荐当时行将结束的救济分署的卫生组长张汇泉继任，他是齐鲁医学院毕业留美的。当时我想国民政府依靠美国，军事与教育均采美国办法，而美国更愿借此机会向中国扩展经济和文化的影响，我非美国留学亦不懂英文，将来工作必感困难。再者全国情况既已如此，我何必坚持河大医学院的外文以德语为主呢，这样岂不使河南青年走窄路，毕业后到处受歧视吗？我考虑再三后，先约河南医界老一辈的人士商谈，他们同意我的见解，后又召集医学院留德的几位老教师论议，他们亦同意我的看法。因有这种想法，故当救济分署将要结束时，就推荐张汇泉来主持医学院。无奈校长姚从吾不同意，拖了几个月，经我一再催请，他始同意。但他对张又不放心，又给我一副院长聘书，预备一旦张干不下去时由我再来维持。张未到医学院前曾告我说，齐鲁医学院毕业学生留美的，他掌握有十人，将来都到医学院来，则师资队伍不成问题。我信以为真，并亦有了这个希望，谁知全成镜花水月。

我国医学界由于西方国家的影响，素有德日和英美派之分。两派彼此倾轧。我虽放弃派别之见，而张的派别思想却浓厚，他不仅有大派别思想，还以私人划派。当我推荐他来医学院时，医学院毕业的青年教师和助教本来不赞成，我反复劝说，他们才勉强同意。张一进门，就将我请来的留美回来的教师辞退了，一是在美学临床化验的刘因哲，一是在美学内科的段春和。这就引起医学院同仁的愤慨，群起而反对之。而他所联络的人又煽动学生贴条子反对我。姚从吾校长对医学院学生说，张静吾与医学院有原子刀割不断的关系。这一切都是河大在苏州的事。结果张汇泉在多数人反对下，不得不离开河大。

张离开后，我仍不愿再兼医学院院长，医学院处于无人领导状态，但老教授宋玉五有时还管点事。时李士伟教授辞了青岛医学院院长到上海，他是我们留学欧美预备学校的老同学，又是留美学医的，我同宋同到上海请他来主持河大医学院，惜未成功。不久，姚从吾赴台湾，校长由教务长郝像吾代理。郝自认力不胜任，召开教授会，推选三人组织维持会，我为其中之一，更无暇再管医学院事了。这种情况直至苏州解放。

新中国成立前河南大学的医学院不是独立学院，其总务、人事、财会和学生训导等全归大学办理，院长只是管教务，等于一院的教务主任，在动荡中无教务可言，因此院长一职虽缺，关系不大。

姚去后，教育部常务次长田培林数次函约我到南京一谈。他意要我继姚为河大校长，并说你要多少钱就给多少钱，你愿将河大迁到什么地方就迁到什么地方。我坚决拒绝了他。

苏州解放前，我同维持会三人之一的马非百，因公在上海，所以苏州解放时，我未在苏州而在上海。

1948年夏开封第一次解放时，情况非常突然。我们正在开行政会议，忽闻解放军将至开封城下，大家就一哄而散。次日解放军即围城。城内驻的是刘汝明部队，还有一师，师长是湖南人，此外就是刘茂恩的保安队。解放军从小南门攻入，国民党军队最后据点是龙亭，我家正介于两方炮兵阵地之间。在战斗的第二或第三日，我同我兄在窗前向外看时，忽听到扑通一声，我哥就说赶快到别屋，后闻无何动静，在我家住的巩县同乡韩鸿苞出来一看,大吃一惊,是一颗大榴弹炮弹,从平台上落地未炸。此弹若炸,则我全家必定遭殃。为安全计,我们就到邻近同事郭粹轩家,因他家有防空洞。次日解放军进城并到洞口告我们说:我们要在此打仗,为安全计,你们还是躲躲好。当我们跑回西棚板街老宅地洞时,解放军又到洞口,叫我们都出来。他看我们都带有河大证章,说你们回洞吧。当时内弟信喜劝我们往城外跑,我想天气炎热,城外近处无栖身之所,若跑得太远,则我刚两三月之小孩恐受不了。因此我们就先到南京巷单德广教授家,因他家有地下室。晚上我到楼顶看,见河大部分房子正在燃烧。当我们向南京巷跑时,见街道上到处布有电线,也随处见有一摊一摊血块,解放军大声叫说,要在房檐下走,上边有飞机。当时我想,解放军就是与国民党军队不同,他们是爱护老百姓的。到单家次日,校长机要秘书段某(中共地下党员)来说,不要怕,外边没什么事。又过一日,解放军撤退。街上贴有安民布告,署名者为粟裕、唐亮。这样我们才回了家。我侄们说解放军曾到我家客屋,言谈颇有礼貌,与国民党军不一样。并说谈话时闻有飞机声,解放军即以冲锋枪朝天打,侄们说飞得那么高,能打中吗?他们说吓吓他们。

开封第一次解放后几天,解放军自动撤退。河大同事聚集在学校开会,时校长姚从吾已去南京,校事无人主持。开会时谈到学校是否南迁,并说国民党政府对高等学校不重视,表示不满。我不赞成南迁,因整个河大,尤其是医学院迁了数次,图书设备损失很大。不赞成学校南迁者尚有数人。后来听说有人贴条子反对我们四人,要打倒我们。又过了几日,南京派社会部长谷正纲来校慰问。是否迁校,他说回南京与教育部商谈。又过几天,姚从吾来电说教育部已允河大迁苏州。于是学校沿途设站,教职员生纷纷前往。当河大南迁时,鲁章甫教授密告我云,他不准备赴苏州,我就请他留守医学院这一摊,医学院除挂图和常用药物外什么都不带。时张汇泉战时外逃尚未归来,我只好如此安排。我8月间只身先到南京,将我侄由汤山陆军医院接出,并待家属由汴到后一同赴苏州。我侄仍用橡皮管进饮食。直至1952年食管伤口始愈合。用橡皮管进饮食达8年之久,可谓创医学史纪录。他在河南医学院做临床检验工作,已30余年矣,现为检验师。

当南京吃紧时,我嫂决定带我大侄及五侄同刘家赴台湾。路过苏州时,我们都在车站劝她们不要同刘家走。她认为全家若留苏州,恐我一人工资难维持生活,我说不要紧,必要时我可到上海找朋友借贷。此外我大侄工作在航空机关,他认为他母若去他可分到住房。就这样,家庭分散30年不通音信。我哥倍受妻离子散之苦,直至1980年刘勤捷由美国回来,传达了彼方情况,才证实我嫂因患糖尿病已先于我哥于1962年去世矣,两侄均已结婚,有子及女矣。目睹他带回全家的相片,我不禁热泪盈眶。心中有无限感慨。我哥若能活到今日,见子孙满堂不知有多么高兴!他临终不知我嫂先他而逝,至死不能相见,真是人生惨事啊。

回忆我在苏州时曾有一段担忧事。某日接广东教育厅厅长张建来信说,他已见田培林,他们商谈,要邀我到广州,在中山大学医学院或在教育厅工作,甚或自己开诊所都无问题,他们都可帮助。我回信说,货币贬值,生活毫无保障,我不愿再随他们跑了,要坐在苏州等待解放。信投邮后我非常担心,因我在苏州除河大外,别无任何社会关系,万一特务查出此信,必加害于我,而我无一点求援办法。担心了月余,未见何动静,我始略为放心。同时中共地下工作人员亦给我信,劝我不要走。

再,我在苏州时,赴台的同学任健伯受到台亲友之托,专程回来,邀我赴台,说到台后,工作生活一切由他们负责,我考虑后坚决拒绝。

如前所述,我在国外求学时期,因与老一辈的共产党员有接触,对于共产党的宗旨意图略有认识,已不再相信国民党的宣传,这对我一生关键性行止上大大发挥了指导作用。又由于我爱国心切,能坚持我中华民族气节,宁愿跳深沟牺牲,亦不为日本人所用,在此国内解放战争中,岂能远逃?赴苏州乃是躲避炮火而已。

1949年6月,江南大部解放后,河南省人民政府派郭海长为代表,到苏州接河南大学回开封。当时我想,河大处于内地,封建思想习惯和封建社会关系较重,各项工作难以开展,不如乘此机会赴沪另谋工作。正与老友梁之彦商量此事,一日路遇郭海长,他说你不要观望了,你不能不回去。于是我们于6月底抵开封。8月就入河大的政治研究班学习。

新中国成立后社会趋于安定。共产党和人民政府为了人民健康,重视医学教育。原河大医学院成为一所独立的高等学校,称河南医学院,扩大了规模,充实了设备,增添了师资,改革教学,又增设卫生系、儿科系和口腔系,近改称河南医科大学。这是新中国成立前梦想不到之事也。

六、几经周折 十年门诊

（一）任医学院附属医院院长

1950 年，国务院任我为附属医院院长。我到附院后，还不懂党与业务的领导关系，认为既让我当院长，我就有权来管理一切。某次开会为了一件经费问题，与指导员江虎臣就顶了牛。此后我逐渐觉悟，知道了当院长的职责和权力范围。某领导同志告诉我说，你的责任就是联络教师和技术人员，在党的领导下为人民服务。

1950 年初，河大派我到上海给各学院，主要是医学院请教授。当时我感到精神很愉快，因党完全相信我。但我有顾虑，一是我花钱随便，钱花多了，回来不能报销怎么办？二是社会制度变了，我到上海说话，谁相信我？因此与学校领导商量，要求再派一人同我一道去，他坐镇，我跑腿。结果医学院院长卢长山同我一道去了。在沪跑了几天，也与卫生局崔局长接了头，但都没有结果，他说我们去得晚了，许多人都被东北和别处请走了。某日接开封家转来一封信，说徐鹤皋从南通来一信说，他们几位同事不愿在南通医学院工作，想到河南来。我就到南通去，他们都是军医学校同事。我与他们从早谈到晚上 12 时，共发出六份聘书，即徐鹤皋、董民声、曲本钤、苏寿派、陈任、吴国桢。除陈任未到外，余均如期而至。此外还给农学院聘了陈照骝，理学院聘了程锡年，又与上海医学院朱恒壁商谈，借聘两位教授，即公卫徐苏恩和微生物某君。由上海回来后，在桂林的孙生桂和在西安的陈祥焘均来信说想到河南工作，与卢谈后，均表欢迎。军医学校的石炯亦来河南。

外科孙生桂亦来河南,眼科马镇西与儿科高葆谦亦来信想回河南,但因编制问题,让给卫生厅分配到别的医院了。从此壮大了医学院师资队伍。这些教师虽与我都有关系,但新中国成立前是难以邀请到的,新中国成立后他们看到党重视科学、重视教育,前途必有发展,所以都想到中原大地来。

1950年,新请的这些教授到校后,我因对他们政治面貌不清楚,心中不免有所顾虑,万一出什么事,会牵涉到我。某日我对卢说,人是请来了,以后有什么事我可不管了,他说,你可以不管,以后是党的事。

我的社会经验还是欠缺,我虽请来了教师,但我总认为这是新中国成立后党领导的结果。这些人大多数都与我有关系,但新中国成立前我为何请不来?说明这些人还是相信党,因此我始终没有表露一点骄傲情绪。就这亦没免去卢对我的忌妒心,就惹出“三反”运动中的无妄之灾。“三反”前某晚卢到我家,一进门,就面带怒色说,我看医学院还是由你来当院长吧!这话什么意思,我到现在仍不明了。

(二)“三反”“五反”运动

1952年,“三反”“五反”运动开始了。某晚,我办公室的通信员小刘来家说,让我到医院住。就这样把我隔离起来了。另派一学生同我住一屋看管我。到底为何事?不知道。后来大概是医院支书杜葆林告我说,有人揭发我有贪污事情,我对此百思不解。后来就把我送进老虎院,说我贪污了600张病床的东西,在老虎院共住了78天。救济分署马杰署长就在开封,一问便可清楚,其笨拙整人何至于此。张柏园还说,你在河南相当出名,我们若无实据,不敢把你送到老虎院,你要好好检查,否则将是家庭中一场灾难。某晚,在广播喇叭中听到鲁章甫坦白了,他贪污3000元,我觉奇怪,他不会有这事。主审陪审人我都认识。后来某人到老虎院来看我,谈起公审事,我说若公审我,我不大闹法庭才怪哩!那位同志说,事情若不弄清楚也不敢公审你。又过几天,张柏园将老虎院的人聚到一教室说,大家以前所写的材料要去伪存真,有啥就是啥,不实在的东西不要写。我就说,说我贪污了价值一千两金子的东西,请查我的家产。凡事都有来龙去脉,再说马杰就在开封,可作证明嘛!此外我提出我的家庭经济账目随时可查,终身可查。又过几日,卢长山叫我说,将来谁揭发你什么,如何调查了,都要公布。可是一直到现在未见他公布。

当我从老虎院出来时,河南省副省长王国华到我办公室,相见后,他半天没作声。好长一会儿他说:"机关枪是打敌人的,弄不好就打着自己人了。"次日我去看嵇文甫,他说:"静吾!你吃得住考验。"后又到张柏园办公室,他说:"旧社会你没贪污,新社会你更不会贪污。"这三位领导人的话各有其意,耐人寻味,我一辈子也忘不了。

这件事使我想到,凭空搞出这件事,其中必有原因。我就想到这是卢长山搞的阴谋。他总认为医学院的几位老教师或老同事都与我有旧关系,新请来的又多系我的旧友或学生,他若不将我的威信打下去,他自己感到领导有困难。他们就强逼医院医师杨培衡,硬教他揭发他们所伪造的事,据杨后来说,他们拳打脚踢,非叫他说不可,说后,杨即否认。就这样,我就成了一个河南的"大贪污犯"。所可惜的是大学的几位领导和省里主持运动的领导都受了他的蒙蔽。

大约在1953年或1954年春夏之间,政协会之后,张柏园约我到其办公室,后又邀我到"又一新"吃饭,他问我:"你看得开吗?"我不解其意,我说:"有工作、有饭吃,病了有公费医疗,死了有埋葬费,有什么看不开。"他说:"你要知道运动中有些人是为了表示进步,有些人是墙倒大家推。"这时我才明白,他说的是"三反"之事。

1980年或1981年间,我们几位老头常在操场做晚间散步,已退休的人事处长李自隆也常同我们一道。某晚我同他谈起"三反"那件事,我说那还不是卢长山搞的鬼,他说那也不是卢一个人。从这句话中可知,其中还有复杂的政治背景。可见,以搞群众运动的方式,解决政治、经济诸方面的问题,是有许多弊病的。

(三)到北京人民卫生出版社帮忙

1953年夏,人民卫生出版社编纂工作拉不开栓,老友上官悟尘介绍我去帮忙。某日,社长徐诵明与我谈,意欲把我调到出版社工作,征求我的意见。他说:"只要你同意,调动的手续你就不要管了,统由我们来办。"我当时认为这是养老工作,我才五十多岁,尚不愿养老,且全家在开封,迁到北京亦非易事,所以我拒绝了。

（四）让出内科主任

我本是医院的内科主任,徐鹤皋到后我让给他了。在我当主任期间,科内有几位老资格医师,普通内科基础都已相当好。我认为在内科范围内,应分工专攻一个系统。现在各部门的中老年专科医师,差不多都是那时的分工。我将内科主任让出后,只教内科范围内的神经系统疾病。我对此素无研究,亦未专门进修过,更缺少临床经验。那时绝大多数医院尚未专设神经科,神经科病乃是内科病中一个系统。可是内科医生谁也不愿教神经系统病,因之我被迫自己来教,乃是边学边教,临床也是自己摸索的。待至1956年,中国学苏联那一套,成立教研室时,我认为我们条件不够,神经系统病只能成为内科教研室一个小组,而程耀吾副院长一定要成立教研室。当时神经科只有我们三人。1950年或1951年,为培养神经科师资,我就选派刚毕业学生李振三赴南京精神病防治院进修。主持此院者为程玉麟,乃中国神经精神病学的先行者。1956年来了随家祺。就以我们三人成立了神经精神病教研室,我为主任,随副之,李为助教。

（五）在郑州筹划医学院建院基建

1956年,我因筹划基建在郑州,人事处长李自隆找我说,你得受点委屈,本拟将你评为一级教授,若如此,则带起来的人很多,因此研究结果把你列为二级,我说,我实在不够一级,就是二级亦勉强。

1956年间,因搞基建问题,某日在卢长山的办公室开会,我说话不小心,说卢对基建不懂,话一出口就觉不妥,接着马上说我自己亦不懂,就这样触怒了卢长山,他对我大加申斥,说我目无领导,等等,当时戴汤文、张汉桢均在座,我一言未发。当日是星期天,会后我回我的办公室,停一会儿他到我办公室,闲谈了几句话,我揣其心情是自觉出言不妥,有点歉意表示。

1956年至1957年间,医学院奉命亦随省府迁郑,关于筹建新校舍事,在程耀吾领导下由我同杨永年分工负责筹划,杨负责基础部,我负责临床部,常来往于郑汴。我选张效房、王伯欧参加协助,王半途摆脱,而张一直坚持到底。及至1957年开工后,我因划为右派,就不再过问了,然因放心不下,故民盟在郑检查阶段,还请假到工地看看。杨永年亦划为右派,因此我们都未能负责到底,致使基建有些难令人满意之处。

我不能同卢融洽相处是院内外人皆知之事。我划右派时,杜葆林首先就对我说:"你在反右时那些言论,我们认为是你同卢长山的关系不好引起的。"这确实是真正的原因,其次,是我将个别党员与党视为一体的错误看法——党员就是代表党。

我对基本建设素感兴趣,当1954年或1956年学校确定让我筹划基建时,我就毅然接受任务,并与宋玉五、盛智仁同赴北京、天津、保定,参观一些卫生系统新建筑,在卫生部还参考了各地新建医学院的设计图纸。在卫生部与当时中南卫生部副部长魏克方商谈建筑方式。他说有两种方式,一是分散式,一是集中式,结果我们采取了集中式。后来听说这集中式图纸,还在全国展览会上展出过。

关于病房安装暖气问题,当时省委文教部长、副省长张柏园说:中央有规定,黄河以南不准安装暖气。我闻后甚觉奇怪,河南冬季气温如此低,病房无暖气,怎么能行?我下了决心,若是不准安暖气,就不干这基建工作。我找了张部长,我说:你算算病房有多少房间,冬天每间安装一个炉子,每日用多少煤?每日有多少煤渣,如何处理?我们专案呈请。为此,我在卫生厅坐了一天,并访问了气象局,写了一份报告,最后上级还是批准了。我是讲实际的人,不会做官,不会只抱着上级的命令。幸而我坚持了,否则是不堪设想的,并且一定会受人指责或唾骂的。

筹划基建时常与郑州市设计院在一起研究建筑中的问题,凡有争执不能解决时,只要说苏联专家说了,问题就可解决,如病房不允许有阳台,有人传苏联专家说,病房无阳台等于不要电灯,这样就解决了。当时崇拜苏联专家思想之普遍可想而知。1953年,我在北京汽车站遇见一老同事、生理学教授沈俊起,他满面白胡须,好久未见面了,当时我心中正在思索医院病房阳台的事,就当即问他,对此事什么意见,他略一思考,冲口而出说:"老大哥说了算。""老大哥"就是苏联专家的代号,这又一次证明,苏联专家权威之大矣。

(六)程耀吾约我到省委谈董、陈二人事

在郑筹划基建时,某日,程耀吾约我同到省委会,未说何事。及与文教部长张柏园见面,他谈陈祥焘与董民声事,说两人不能合作,两人中只能留一个,否则两人都留不下来。张说河南技术人员少,只能进不能出。当时的想法是河南素缺耳鼻喉科医生,希望两人都来。但董一日不到校就不能说有把握,更不能让他知道陈要来河南,而亦不让陈知道已经聘了董,若两人都来就更好了。这打算是与卢商量好的。结果两人都来了,我既放心又高兴。卢对此事处理的亦不好。两人到后他应该从全省观点出发,让给卫生厅一位,分派到省人民医院。据说卢与卫生厅间的矛盾这也是原因之一。

(七)卫生部季钟朴司长找我谈话

1956年冬,卫生部季钟朴司长来视察医学院,某日到我办公室说:"卫生部早就任你为医学院副院长,为什么还未公布。"我说:"我不知道。"随之我说:"我决不干这个副院长,若真叫我干,我就到卫生部辞职。"他说:"这是中央人事局的事,找卫生部也没用。"我又说:"要是非干不可的话,那我亦不在河南干。"季听我这话,当然会明了。视察中,季曾与医学院各阶层工作同志谈过话,然后他由汴来郑州。季视察后不久,卢即与我谈副院长事,我一再嘱其不要公布,过了一周多,卢说不能再等了。就这样他贴了一张布告,宣布我为副院长。

(八)党开门整风

1957年春,党开门整风。在郑州先开了宣传工作会。程耀吾带领我、

徐鹤皋、杨永年来郑参加此会。我写了一个发言稿，事先还请程看了看，他还修改了几句。我这稿有许多地方是影射卢长山的，由程修改情况我看出他对卢亦不满意。会中我还给赵文甫和杨珏写了一封信，说统战工作如何重要，而卢根本不懂亦未做此工作。某晚，在省委开小组座谈会，潘复生书记说，大家要说心里话。我说："河南高等学校太少了。"休息时在走廊上，张柏园说："医学院人的问题解决了，以后就是设备和提高质量问题啦。"张的话含糊，而我亦不便多问，当时我估计谈的是卢长山问题。

回汴不久即开始鸣放，向党提意见。我始终未贴一张大字报，但在河大教授座谈会上我讲了话。因河大某教授说，党要退出高等学校，外行领导有困难。我说党不能退出，否则就乱了。不过高等学校里外行来领导确有困难，最好是民主办校，成立院务委员会，由党、团、盟、工会轮流主持（内心想的是免得卢长山一人主观从事）。好，这就是我的右派言论。《河南日报》也登出来"张静吾提出民主办校用意何在？"在赵文甫召集的座谈会上我也说，河南的高等学校太少了。谈到知识分子时，我说：在老虎院，亲眼看到鲁章甫上厕所都有看守人持枪押解（当时鲁已病故）。在会的芦鹏同志闻此言，就跑到赵文甫面前，替鲁喊冤，跪在赵的面前，把赵弄得很难堪。我就对芦鹏说："你这是干什么的！"芦鹏不是被邀去的，我只是约了随家祺一人同去，一直到1979年我才知道，芦是程耀吾让他去的，并将他送上车。我想别人可能认为芦是我约他去的，若真如此，这黑锅我就背了20多年。

1957年春，我在郑州参加政协会议，听说从日本进口的那架X光机安装到省人民医院了，很觉奇怪，因已与卫生厅副厅长陈积吾说好，此机在京展览后可买一架归医学院用。我就到厅里见王先发副厅长，非要他讲明原因始末不可，但他说不知此事，我就发火了。他的办公室窗户与省医院对门，价值十万元的大机器，吊车都开进去安装，而他身为厅长，竟说不知，岂能令人相信，我就不客气地与他吵了一架。次日我们医学院几个人找了赵文甫书记，隔日张柏园召集卫生厅和医学院的人在省委文教部开会，情况弄清后，张问曾平副厅长意见，他说，应安装在医学院，这是违心之言，机器安好，岂能再拆。结果省府又拨了10万元，将已运汉口的另一架日本机器买回来,给了医学院。

与机关领导吵架是不对的,这是我本位主义思想太重的结果,但领导人不应该当面说谎言。

(九)错划右派

根据 1957 年春反右情况,和我所发表各项言论,赵文甫在河大礼堂就宣布我是右派,给我以降薪降职处分,保留我的教授职称和工会会员。我由高教二级降到六级,一直到 1979 年。

1957 年冬,不知何人借我的名义向中央告了医学院,中央将此件转回医学院。领导人杜葆林等经分析,研究上告书,结果认为我不会做此事,肯定是别人搞的。这说明医学院对我之为人,还有相当认识。

划右派后,我还收到从香港寄来一封信,要我到香港开业,信无署名,我阅后即将此信交给组织。到现在我也不知道是谁来的信。前几年据我侄从台湾、经美国其舅父转来的信说,我划为右派时香港报纸亦登载了。

(十)十年门诊

1958 年秋,医学院迁郑后,让我在内科门诊看病。当时我想,十多年不干内科了,许多都忘了。但我再干 3 年,还可赶上主治医师水平。无奈神经科人少,一再要我回神经科。当时我是右派,哪能有自己的主张。不过我没有神经科临床经验,年过半百再学习确有困难。再者,戴着右派帽子,领导上也不会将我送出去进修。于是我就到神经科看门诊,病房是不让我去的,就这样我干了 10 年门诊。

划右派后到处被人歧视,连我未满一岁的小孩也被歧视,小孩送到托儿所,终日哭啼也无人管,最后小孩得了急性肺炎而夭亡。

1960 年秋,河南政协组织右派参观团赴北京参观,我亦参加了,张仲鲁亦划右派,也参加了。在京停留一周多,参观了十大建筑。这次到京所有亲友均未拜访,因自己是右派,还不知他们对我什么看法。只有武剑西知道我们去,到居处看了我们。

1963 年,我赴北京参加中华医学会理事会议。会见了梁伯强及唐哲同学,寒暄数语而已。

1963 年夏,我带全家到北京访亲友和游览约两周。

七、恢复职务后

（一）摘掉右派帽子

1976 年冬,粉碎"四人帮"后,党中央总结了经验教训,决心进行改革,特别是十一届三中全会后,整个扭转了全部局面。随着"四人帮"的垮台,知识分子也吐了一口冤气,首先是摘掉"臭老九"的帽子,跟着就摘掉部分知识分子的右派帽子。我是 1977 年 12 月 31 日下午 4 时才宣布摘去右派帽子的,因省委规定要在 1977 年内先摘掉三人的帽子。三人是:郑州大学一人、省中医学院一人和医学院的我。然而由于当时医学院某个领导一再拖延,扣压省委文件不予宣布,一直拖到 1977 年最后一天下午,在省委再三催促下才宣布为我摘帽的文件。为什么先摘这三个人的帽子,根据哪种条例或由何人建议,至今不详。摘帽会上统战部部长傅克强说:今后仍须按时汇报思想。我认为这是极"左"思潮,根本未予理会。

1978 年春,我赴京探望亲友,我是 1963 年以后未再进北京。在京周余后,又让我去武汉参观外文图书展览,这是 20 年来又让我露面的第一次。

（二）从事编辑和翻译工作

1974 年从临汝回院后,即从事编辑和翻译工作。先是让我看门诊,并说不直接看病人,只是为年轻大夫解决疑难问题。干了一个月,深感体力不支。一般群众心理,认为老大夫经验多,所以年轻大夫闲着,而我这里围一堆人。我就到医教处反映说,我实在干不了,若非干不可时,那我只好呈请退休。结果他们说，随你便吧，真不能看就不看，就这样，我就算摆脱了医疗工作，把白大衣挂起来了。虽然如此，通过关系到家找我看病者还不少，甚而一日可达十多人。后来人老了，来找我看病的也就少了，现在虽仍有，也是偶尔的事情了。

大约1978年夏初某日，马奎云告我说一切工作停止，专门搞神经科教材（当时马为神经科负责人）。神经科自编整个教材是第一次，以前都是附在内科里。教材是大家分编的，由我来集中整理，缺的题目由我把它补起来，插图140余幅是我由别书选的，描绘插图是李增福医生做的。这个工作我干了一年多，终于完成。印刷时我还亲自校对。在搞教材工作前我还翻译了德文《神经科入门》一书。当时主持科研的李永昌说，内容无何特殊，不让印刷出版，我也不争取，因我知道右派搞的书是不让印的（当时右派帽还未摘）。从临汝回郑前后，我断断续续翻译了数十篇关于肝炎和神经科资料，后来选了四五十篇资料由医院临床资料室印了单行本。

神经科教材出版后，在图书馆发现一本西德的《神经病学教科学》（1978年出版），我用一年的工夫将其译完。此项工作学校亦颇支持，派人给我抄字和绘图，后因抄字不清楚，我于1980年冬又抄写一遍。译文共50多万字，印刷出版是个难事，张柏园同志为此很关心，给了不少帮助。因这类书不赚钱，出版单位多不欢迎。后经有关领导同志过问，以及政协和民盟组织的协助，出版社（河南）终于接受。1981年春交了稿，估计1982年下半年可出书，然到1985年夏还未出版，1984年冬我已将排好的样版校对过，据说是预订不到5000册不愿付印，恐怕赔钱。我译的是第五版，而1982年第六版已经出来了，其序言中说图文均有增订，整个又重新写了一遍，增加30多页。我本想将新版再对照译一遍，但精力实在不行，只好任出版社去拖延了。我国领导一再强调，要加速引进先进技术，但印刷出版行业只图赚钱，所以我说鲜蛋不能鲜吃，放臭了才让吃，这样怎能不赔钱？提起此事，怎能不为之叹息。

（三）右派平反

1978年后半年,听说省委派有工作组来医学院检查落实知识分子政策（组长是芦治国）,特别是右派摘帽和平反问题。政策上认为1957年反右时扩大化了。根据这一政策的落实,医学院的右派全摘了帽。后来纠正错误时,亦都纠正了。我的平反纠正刊登在《河南日报》上,题目是《有错必改》,是当时省委做这项工作的徐学智同志写的稿。从1978年10月份起,工资按原级照发,因而又补发了600元。在办理纠正时期,有人让我向有关工作人员问一问,我是否应该纠正。我想我的事是明摆着的,是尽人皆知的,该纠正就纠,不该纠正问也没用,故我始终未去。过了不久,学校主持此事的宋寅同志来家找我,他说:"你的材料,我从头至尾看了三遍,并且在院内外开了几次会。按1957年当时情况,首先你不反党,其次是当时可划可不划。"又过几天他来说:"已决定给你平反,纠正错误。"又说:"省委科教协会有人找你谈话。"几天后徐学智来找我谈,主要是谈我对错划和改正前前后后的想法和所持态度。我说:"我不反党,要反党我早就跑台湾了。之所以不反党,是我在国外上学时,与许多党员和进步同学接近,我了解共产党是干什么的。错划了没有关系,历史上受冤屈的好人多了,我虽也受些委屈,但我还活着就好。我总是想着个人的事小,国家社会的事大,只要国家搞好了,个人的事不算什么。我什么都不可惜,最可惜的是20年中我没做什么教学、科研工作,白过了20年,人生有几个20年呀,况且正是年富力强的时期。过去的事让他过去了,正如周总理说,'要往前看'！只要我还活着,我仍然努力对社会主义建设做出自己的贡献。"最后我引曹操的话作了结束语:"老骥伏枥,志在千里;烈士暮年,壮心不已。"他很欣赏我这几句话。后来他路遇我说:"你对党的态度很好,有些人虽作了改正,还在那里骂。"

河南医学院通知我的文件是这样写的:张静吾同志在1957年反右派斗争中被划为右派分子。根据中共中央〔1978〕55号文件指示精神和1957年的中共中央划分右派分子的标准,经过复查属被错划为右派分子,现决定予以改正。撤销原划右派分子的一切处分,恢复名誉,恢复原工资高教二级,特此通知。从 1978 年 10 月执行。

(四)右派改正以后

(1)参加省政协座谈会。1980 年,某次省政协召集有关人员开座谈会,讨论中央统战部发的有关高级知识分子右派分子纠正问题的文件,大概是有 27 名右派分子应否纠正问题。文件首先说,1957 年,国际上乘匈牙利事件,国内有一部分知识分子起来反对党的领导,所以反右是应该的,错误的是扩大化了。还提出章罗联盟问题。最后有五个右派不予纠正,除章罗外还有三人。这五人中除一人尚活着在上海外,余皆去世。所提的 27 人中就有钱伟长,而钱于 3 月或 4 月 25 日还在郑州作他的系统工程报告。据说 22 日他才接到通知,改正了右派。

(2)恢复各种职务。右派改正后,又恢复了我的民盟省委委员。1980 年,改选时又选我为民盟省委副主任委员。

1979 年冬,我被选为省政协委员,后又被任为常务委员。1980 年,某次政协开小组会时,还为我的发言录音录像。我心明了,这一切还不是为了恢复名誉。因我在医教界多年,社会关系较广,知道我的人相当多,恢复了我的名誉,说明党的知识分子政策已落实。

1979 年底或 1980 年初,省委又给医学院下公文,任命我为医学院副院长。当王健民和刘松坡书记向我说明时,我说我知道有此事就行了,不必公布。王书记说省委公文不能不公布,你坐在家里可不管事,有事找你再说,就这样公布了。

当医学院院长们分工时,我说最好我当个不管部部长,什么都管,什么都不管,意思就是当个顾问而已,就这样开会我来,不开会没事,虽也有个办公室,也是经常不去。

(3)当学报主编。1981 年暑假前,叫我当学报主编,我对王书记说:"这是个硬性职务,到时须拿出东西来,我干不了呀!"他说:"现在无人,你先招呼招呼,以后有人再说。"给我配备了四位副主编。就这样我顶了三年名义。

（4）担任省志编委。1981 年 11 月间,学校又推荐我为河南省地方志编纂委员会委员。当医学院组织院史志编辑室时,又让我当主编。在编辑室一年中主要是国内各处,凡是有医学院校友所在之处和河大待过的地方,都派人去访问,并摄了纪念影像。

1983 年暑假前,我即力辞学报和院史志两个主编,然在学报编辑室又给我一名誉主编名义,院史室又给我一顾问名义。

（5）出外参观。1981 年 10 月间,我参加民主党派组织的参观团,先到武汉后到宜昌葛洲坝参观。看到辛亥革命遗址和文物,虽经十年内乱,然保存的尚好,抚今追昔,感慨颇多。河南文物虽多,经新中国成立前的军阀混战和"文化大革命",多荡然无存,对比之下实为可惜。

葛洲坝工程实在宏伟,在三峡拦截长江,既可发电又可通航。因坝高水位亦随之升高,所以不仅三千吨小轮可通航,万吨船亦可通航。中外人士和专家前往参观者甚多,对工程的质量之高和伟大无不称赞。

（6）又任新职务。右派改正后除学校、民盟和政协恢复名誉外,在社会上又增添了一些新名誉职务,如卫生厅、教育厅、医学院的学术委员会中,我都为委员。后来医学院又聘我为医学院学术委员会名誉顾问,省中华医学会亦选我为常务理事。

前几年,我对这些院内外社会活动还都参加。随着年龄增长,体力精力均不支,迫不得已,不能不采取收缩办法,故近来除政协、民盟和院内会议外,对其他会不再出席了。最近我耳聋更甚,虽戴助听器亦是在一公尺内可听别人谈话,两眼的老年性白内障亦明显发展。有些会虽参加了,亦是象征性的。

八、在各种会议上的发言和建议

我对医教卫生和文化教育素感兴趣,遇机总想陈述自己的愚见。但因我基本上还是考虑时务,考虑对象,考虑我自己的处境,考虑到别人在外表上和内心里对我的看法,所以我在院内外各种场合发言不多。1957 年我因不谨慎,招致了无妄之灾,延续了 20 多年。这是个沉痛的教训,为了汲取之,所以在各种会议上采取不发言或少发言为主的方式。有人说你对事和发言并不糊涂,我说我是吕端大事不糊涂。

1. 1980 年,在河南各界人民代表会上与几位医生提了向山区运送海盐的建议,因山区甲状腺肿病甚多。某日在潭头汤池温泉见有 13 个妇女在洗衣服,其中就有 11 人患有甲状腺肿。

2. 1979 年,我在省政协小组会上的发言痛斥官僚主义,并建议要学伯乐能识千里马,能认识人才和善用人才。就是古人说的知才善用。

3. 1980 年,我在省政协小组会上讲,教育是建国之本,是测量一个民族文明水平的标尺。各级领导都说教育如何重要,又说中小学教育是基础之基础,然而就是每年拨款不多,甚而将教育款移作他用,还不如落后国家埃及和印度,这是言行不一致。

4. 1981 年,我在省政协某会议发言说,建设国家无非是物质文明和精神文明。我认为精神文明的建设比物质文明更难,更需要。而现在中小学和大学学生的精神文明很差劲。行政部门和各级教师应特加重视,否则有了物质文明而无精神文明的人对社会更加有害。我国关于精神文明的材料太丰富了。这些材料应从小学中学讲起,经常讲,时时讲,各级教师应以言传身教进行五讲四美的宣传。中小学的优劣不应只以升学率来衡量,学校中要多设些政治课、体育、音乐和美术课程,以陶冶学生性情和审美观念,增进学生的精神文明。不适宜儿童的电影、电视,要明令禁止中小学龄儿童入内。我简约讲后,小组中有多数人讲述各自高见,可见这是现今社会上重要问题之一。1982年,中央和各地方都规定每年三月为文明礼貌月,其注重这种教育由此可见。为了这个问题,《河南日报》记者孔某和《郑州晚报》记者特访我一次,还将意见登诸报端。

5.1979年,我在某次政协会上建议说,河南有7000多万人口而只有一个医学院(当然还有一所中医学院),这和现今的世界较发达的各国相比是个奇闻。美国两亿多人口,有110所医学院。在国内与我省邻近的省份,人口比我们多的或少的,都有三至五所医学院。最近知道新疆就有两所医学院。因河南只有一所医学院,故附属医院病人特别多,农民来看病亦特别难,住院更难,真是难于上青天。因人们有个传统思想,医学院设备好、医疗质量高,所以都愿到医学院看病。某次省委胡立教书记接待医学院几位教授时,我又提到这个问题,他说河南并不是没钱办医学院,而是钱都被"吃"掉了,言外之意就是河南人口太多了,机关工作人员太多了。这个议案我同医学院其他教授提过几次。当时听说有几所医专正拟充实后改为医学院。河南医学院后来改为河南医科大学,汲县医专后来改为新乡医学院了。

6.1981年,我在政协会上同其他教授如郑大的王教授共同提了减少助学金、增加奖学金的议案。我们认为解放三十多年了,人民生活普遍提高了,因而大学的助学金应随之减少,奖学金应随之增加。再者中小学是义务教育,而中小学生还要缴学费,大学是职业教育反而不缴学费,并且是全部公费。毕业、生病,国家全包下来,所以考大学就成一生命运的关键,考前拼命准备,争取录取,及至落榜,就大失所望,甚而有用各种方法企图自杀者。这是现今社会上一大问题,我想中央领导是知道的。究竟为何不改,是否牵扯到国家经济问题,社会主义政治问题?我国人口太多,中小学都免费,国家恐包不下来。大学的助学金原是为帮助工农子弟,一旦完全取消或有困难,因此,我们的提案只是说量情减少助学金,有必要者仍给补助,省下的钱用以增加奖学金。后来得到上级的答复，说议案提得很好。国家正在重点大学试行。

7. 在医学院内部的会议上我提出过以下建议：

如何提高外文程度问题。因交通工具进步，今日的世界似乎是缩小了，因而学术交流等来往更为频繁，闭关自守已不可能了，所以外文更显得重要。进步的国家亦提倡学外文，至少须懂一种外文。我们国家规定的四种外文（即英日德俄）一定要会一种。其中英文最通用，在科技界几乎已成世界语了。我没学好英文，竟成终身憾事，故我建议在院内要先提高英文程度，它不是崇洋媚外，而是科学上的需要。新中国成立前医学院的学生，多数能阅读德文教科书，而现在的学生外文程度却大不如前。新中国成立初期政府搞一边倒，什么都以俄为师，可它的科技教育等都是效法西欧，我们偏要以它为师，使我们吃了大亏，走了十多年的弯路，在教育和工业上的损失不可以数字计算。听说俄以前那一套制度有些已经改了。

再者，我们在世界上已与百余国家交朋友有来往，必须培养会各种文字的人才，方能取长补短，哪能单打一。

我认为国家对于学外语没有规定目的。学外语不一定是要与外国人能交谈会话，应是能读外文书，能译外文书，因而引进外国技术和学术成就。而现在有许多青年学生用很多时间来学会话，后来若长久不用或不做外交官或与外国人无来往，就要完全忘掉，前功尽弃。我 1919 年在东京学习日语一年，普通话和书报都可说和看，回国后几十年没用，现在连日文字母都不认识了。我认为外文在初中高中要打好底子，即发音、语法和普通会话都要学好。到了高等学校为能阅读专业书籍，要多识多记专业词汇。这要靠专业教师的传授，到工作岗位后要多练习翻译。与外国人有接触或共事机会者，或有志当外交官者，应抽时间专门练习口语，口语最好由外国人教，或看原版（不翻译）的外国电影、电视，或到外国去练习几年。据说东邻日本人就是这种办法。日本人的外文口语是很差劲的，但翻译力很强，只要一本外文有用的书到日本，不出几个月就译出和印出。日本科技进步之快，当与此有关。在日本，谁要当外交官，就先派他到驻在国使馆练习三年口语。我认为这种办法我们是可采取的。

我国社会现在对翻译工作重视不够,因此愿做此工作者不多。新中国成立前国家还有个编译馆,现在没听说有这机构。退居二线或退休的老教师,他们的外文都有相当底子,将他们纳入编译馆,发挥余热,对国家岂不很好吗。

翻译工作并不像一般人所想那么简单。其中出入很大,能做到信达就不错了。有许多教师外文程度很好,但翻译出来的东西人家看不懂。所以,翻译不仅是技术问题,中文程度的高低,很有关系。不管如何,在四化建设中,国家应提倡和重视翻译工作,同时还须改进印刷出版,应从国家利益出发,不应该老是向钱看,想赔赚问题。甚至必要时国家还可给予补贴。

重视外文这个建议,引起了学校的注意,曾为此开过几次会议,可能得到些好处。

8. 在学校院务会议上我提过教学的改革,这是1982年的事。我因20年的右派帽子,受了隔离,因而院内外许多事情不了解,只听说教学上有许多问题,究竟有什么问题呢? 为此我在1981年断断续续听了十多人次的课。结果讲的好者不过一二人,其余多是照公布的教材念,是教书不是教课,不能将一堂课教活。

医学院校的教课问题,据最近从各国考察回来人的报告,仍是听视教学或称声像教学。教师要使学生边听边看。这样学生既有兴趣亦容易懂。我以前就是这样学习的,教书以来也是这样教的,所以我对此深有体会。我以前学临床时都是教师以病人在课堂示教学习的。现在我们的教学固然亦是听视教学,但听与视不是同时的,而是分离很远的。

教师讲课时注入的多,启发的少。学生死记硬背,很吃苦,负担亦重,遇到问题不会独立思考,更不会分析。尽管教材内容不少于任何国家,但学生的思考能力不如别人。我看总的原因是教学方法问题。我赞成教师要写自己的讲稿,为写讲稿,教师必须参考许多书,又须运用组织能力,发挥自己的主观能动性。讲时又能多谈自己的见解、自己的经验,能引起学生的兴趣,长学生的见识。教师在课堂上一举一动,一言一行,对学生都有影响。我常说,教师如同演员,在讲台上一举一动就可看出他讲课的效果。讲课亦是一种技巧,好医生不一定是好教师,反之亦然。所以教师如同演员,非锻炼不可,亦非一朝一夕之功。"若非一番寒彻骨,哪得梅花扑鼻香",诚哉斯言。

最近教育工作会议上亦谈到教学方法非改不可,要变注入式为启发式,否则不能培养出新时代的有用人才来。前两年的统考也看出一个问题,学生因死记硬背,答题得分数并不少,但在具体工作中不会独立思考和分析,这就是所谓"高分低能"。

临床教学须常同基础课联系起来,这样不仅使学生温习了以前所学,还使学生知道为什么要先学医学基础知识。这就是所说的综合性教学。

每当一门课讲完,主讲教师要用一两小时将此课的发展情况,即正在解决的问题、尚未解决的问题或某些问题正在研究中或已有端倪者等向学生简述一遍,以启发学生的科研精神,使他们知道这门课的前途发展情况。

9. 关于统一教材问题。各科的统一教材,内容很丰富,都是一大本,还附有插图。但是讲课决不能照教材念,中国幅员如此之大,病的流行情况各地均有差异,所以统一教材只能做参考。前边曾说教师上课最好是自编讲稿或自编讲义。为了完整起见,有些少见病例在讲鉴别诊断时提一提或扼要说一说就算了。颁发的教材,学生可参考阅读,毕业后多年内仍可参考阅读。

各学院主讲教师要发挥所长,自编教材并且可在书店出售,使读者任意选购。我认为天下事没有淘汰、没有比较、没有竞争,就没有进步。若什么都统,就成死水一潭。

10. 关于师资培养。前边曾说好医生不一定是好教师,反之亦然。因此培养教师须从做教师的条件来选择。在今日来说,当一个教师,其中文底子必须有相当的程度,口齿清晰,思想有条理,有好学钻研精神,能以教学和科研为终身事业,在政治上能坚持四项基本原则,道德品质高,要为青年师表。另外至少要通晓一种外语,能顺利阅读该专业的外文书报杂志,并能通顺地译成中文。

助教或青年讲师应随主讲教授备课和听课。待到一定时期,他们可先试讲该专业的基础课、入门课以资锻炼。讲课时主讲教师应去听听以做考察，如认为可以培养，可试讲该专业的部分课。待到升副教授时，必须是对该专业课全部已讲过几遍，并且是成效很好。一位副教授对本专业的边缘科学知识，亦须通晓，否则知识面窄，不仅课教不好，科研工作亦受限制，做临床工作亦会出差错。总之科学愈发达，对教师的要求愈高。

我一向认为内科是临床各科的基础，各科专科医生最好是先在内科干两三年后再专一门。内科底子打不好，其他专业亦不会学好；反之，若内科底子好，其他专业也容易学好。我这认识多年来未曾动摇。人身不仅是个整体，不容分割；人又是社会中一分子，只懂人体生物知识，不懂人在社会中的知识和社会的致病因素，亦当不了好医生，更当不了好教师。故现在医学教育应该从生物模式走向社会模式，也就是要学点心理学和社会学等。所以有人说，物质文明与精神文明之间是有密切联系的。

11. 搞科研的人不仅要医学基础好，一般的科学基础如数、理、化和生物均须好，还须熟练操作。看看1980年卫生部派赴英、美、德医学研究考察团的报告就可知道了。美国大学四年修业有关医学学科，才能申请入医学院，在医学院修满四年，并在医院实习两年，称为医学博士（MD），才能参加执业考试，考试及格方能执业，这不过是允许执行医师职务而已，若做科研还须进修数年。我算了算西德现行的医科学生毕业后，要想考博士学位，还须努力再学习七年。这说明一个科研工作者要成为一位学者，非有广泛扎实的科学知识不可。底子愈大，愈扎实，技术操作愈熟练，研究工作愈容易出成果。由此看来我们现行的医学教育制度，只是能造就较好的医生而已。最近公布了学位制度，这是培养人才进一步的办法。说明我国医学教育比新中国成立初期只办速成班或专科班迈进了一大步。不过辩证地看问题，按当时需要和条件办速成或专科班，亦有其必要性和现实性。但我认为科学的进步日新月异，医学的内容逐渐丰富和扩大，我国国际地位日益提高，要当个现代化好医生，必须扩大学习基础，需有广泛的知识。因此我认为我们的医学学制有延长的必要，由五年延为六年，个别院校可再长些。否则，国际间就显得我们幼稚了。

（12）医学院的临床教学，我认为是医学教育的最后一关，这一关必须把好。除临床课须讲好外，实习必须严格要求，严格检查，因实习完后就要到社会上执行医生职务。我常说一个名牌工厂，是看其产品质量如何。故当其产品出厂前，必须实行质量管制反复严格检查。一个医学院亦是如此，学生毕业前亦须严格检查，粗制滥造，医学院不会得到好名誉。因此，我曾多次建议，临床教育一定要由专人负责，负责此项工作的人，一定是一个较老的医生，懂得外语，明了各国医学教育情况，这个人要有事业心和魄力。应考虑医学院是否设一个临床教学部。当时领导颇赞成这意见，有意成立一教学研究室，然事已数年，迄今无下文。一个工厂把不好质量关，出厂的产品不过是废品罢了；一个培养医生的医学院把不好质量关，那是要贻害人的生命健康的，绝对忽视不得。

13. 医生是社会上崇高职业的一种。医生是人民的保健者，又是人民生活和工作的指导者。他每日所接触的人有农、工、老幼，有普通人，有军人，还有高级知识分子，还有大官。因此他在人生哲学、社会科学、天文地理、风俗习惯等各方面，若无常识，与所接触的人无共同语言，则他只能起治病的部分作用。我有一位已故老党员朋友，他说技术人员、专门人员、专家和学者之间，均有差别。他说司机、技术工人是技术人员，大学专科毕业从事专门工作者是专业人员。专业人员中除基本专业知识外，兼通与其专业有关的知识，或通晓与其专业的边缘学科知识，并能应用于其专业，则可称为专家矣。而学者是除其已成专家外，其他社会科学和自然科学的东西亦应大体了解。据此，某日我问我院某同事，我们医学院有几位这种学者，他说恐怕一个也没有。道理尽管如此，医学院各教研室的负责人若能达到专家程度，我看就不错了，然而现在个别教研室与之还有相当距离，这是今后应当争取改进的。

说到此处，我想起旧社会的两个名词：儒医和儒将。就是说有学问的医生和将官，就是广通精神、物质和军事各种知识，不只是会看病，会打仗。医生有这些学问则可称儒医，军官有这些学问则可为帅矣。我想这两个名词仍可适用于今日。

我还常说,我们医学院各教研室应培养权威人士,不说世界权威人士,亦应培养国内权威人士。当然这些权威人士必须在其专业领域有卓越成就。若能如此,则师资培养、提职、调薪等诸问题皆可很容易地解决,前时的提职调薪实在是劳民和浪费。

我之所以提出真正专业人才,就是必须坚持专业基本原则外,还包括为人的品质和道德、性格和言行。必须是正大光明,正直无私,不以感情用事,不仅在学术上有成就,还须有艰苦创业的精神。若各部门能有这种人来领导,医学院的教学和科研水平必然能很快提高。否则是一看二慢三通过,虚度岁月,平淡无奇,徒混个老资格而已。

14. 我院有些教研室的同志中间存在矛盾或不团结现象。这种矛盾是个别教研室中,已经闹得无法工作或大大地妨碍了工作。我对此考虑并分析其原因。一是年轻人年富力强,脑力好,记忆力好,学新知识来得快,若肯努力钻研,几年后不惟能赶上老年人,甚而超过之。这本是好事,亦是正常现象,不足为奇的。否则,社会和科学怎能进步,孔子早就说过,"后生可畏,焉知来者之不如今耶!"但是它亦带来了副作用,即一部分年轻人学有成就后,产生高傲情绪,看不起他原来的老师或领导人,进一步与之发生摩擦和冲突,吹毛求疵,再就是进而攻之,迫其让贤。更为恶劣的是想取而代之,这是最恶劣的品质。另一方面,发生矛盾部门的领导亦有责任。他们应该明了,科学发展的前途应寄托在年轻一代,自己再能干,再有知识又有学问,总是免不了有衰退之日,新陈代谢是自然规律,谁也违背不了的。为了后继有人,领导者的责任是大力扶持和培养他们,帮助他们,使其年年有进步,使他们逐渐走上教学和科研轨道。遇到机会带其参加学术会议,让其出头露面,见见同行,认识认识学者名流,扩大眼界,不要在小天地中争高低,夺权利。参加学术会议多了,要使年轻人彼此交流经验。这样做,年轻人在其专业同行中就有了地位,逐渐有了名望,他们必然高兴,亦能起鼓励作用,对领导培养会有感激心情。为了不辜负各级领导的培养,他们必然会更加努力,和衷共济地从事学术研究,更会多出成果。领导人能培养出这样的高足,则自己的声望亦必随之而提高,这是互为因果的。反之,领导人若压制他们,甚或忌妒他们,在学术见解不一致时,排斥他们刁难他们,那就失去为师之道了。若领导与被领导之间都能向远处看,彼此谅解,通力合作,互相协助,那就决不会出现现在这些矛盾。我认为院党委和院领导在适当机会分别召集领导与被领导人对这个问题的原因和后果做些讲话,要语重心长地反复讲,我想必定能得到益处,改变这种不正之风。因大家都是通情达理的,都愿为科学和教育事业贡献终身的。

另外,我还想到领导召集他们谈话时,也要提提科学道德问题。有些人写科学文章不实在,弄虚作假或剽窃他人的成果,归功于自己,有些把别人的论据和成就引为己有,而根本不提原文作者姓名或其出处,这是非常不道德的。还有些文章的署名问题,谁先谁后问题,常为此争吵不休。这有惯例嘛,文章以谁为主当以其名为首,其次是按劳排列,有荣不列其名者是错误的。近来报端常谈论科学道德事,可见这种情况有其普遍性。我自兼学报主编后,教研室中这种不团结现象知之更多,深为忧虑。

15. 中国留学生政策改革的建议。中国封建社会太长,不重视科学技术,在今日科学技术发展迅速、日新月异的时代,在建设社会主义国家中,如果科学人才缺乏,就会造成科技发展的滞后,从而影响国家现代化的进程。党和政府虽注意及此,除加强国内科技教育外,还成千上万向发达国家派遣留学生。每年为此花去不知多少外汇。结果所得不多,原因复杂!派去人员有羡慕先进国家物质享受和工作条件方便,竟不返国;回国后因设备水平不理想或因工作分配不当,所学非所用,不能施展才干,这就造成国家相当大的损失。

新中国成立之初,因旧社会科技教育较为落后,派人到外国学习,在建设国家上是不可避免之事。现新中国成立已经40年了,仍只靠先进国家代我们培养高级科技人才,实在是有损国家在国际中的声望。

再者,学习的人耳濡目染都是国外情况,回国后照搬到中国,必有许多不适当或困难情况。若能在本国学习,结合素日所闻所见,对于所学的施用,必能有许多启发,并会做出许多改良。

自己培养高级人才的办法,初步设想如下:选择中国较好的大学或大学中某学院或学系与其他国家的名牌大学结为姊妹学校或学系。设备、教师均是两国最好的。每班50人，最多100人。来学的人应是国内大学毕业者。因此这种大学、学院或学系应名为研究大学、研究院或研究系。学生毕业后可选派若干人到有关国家做学术旅游或参观访问，或学术交流。

这样办既省了外汇，又可培养更多的人才，诚一举数得之事。

我这建议曾与美籍华人韩诚信谈过，他亦赞成，并与在美的我国高教委某君谈过，他认为这办法很好，但恐一时难以做到。

16. 关于中西医结合问题。这个问题我时常在想，前几年当中央召开这个会时，我也曾密切注意。邓小平同志在会上讲话后，我就想着，看样子，这成了中国医学界的政策了。中国医学界现有三种形式，即西医、中医和中西医结合。

外国人把中医称为传统医学，我认为有相当道理。各个民族都有其传统医学。中国有中医、印度有印医、埃及有埃医，不过中国在数千年中，不问其是否合乎科学，有其自成系统的一套中医理论。传统医学都是由实际经验而来，其所谓理论，多是一种推想，多不能为实验所证明。其所用药物概多是自然界的动植物和一部分矿物。因当时化学知识尚不发达，不会有化学制剂和化学制药厂。所以现在科学已发达的国家，仍有几十种草药不要处方，人人均可购置，这就是传统药物，传统医学。各民族之所以能在数千年的漫长岁月存在和繁衍，这些传统药物和医学是起了很大作用的。有些中医认为可不要阴阳五行，从实际出发来进行诊疗，而另一些中医则墨守成规，不敢革新。近年来又提倡中西医结合，从实际出发，我看难以实现。据说多年来西学中的人，在工作中能坚持下来的全国只有两人，一在北京，一在我院，即已故的李月波医生。现在看来是中西医两套理论。西医是经过实验证明，而中医多是个人经验之谈，既是凭经验，就各不同，没有客观的证据，所以中西医结合是有困难的。我不懂中医，不便信口开河。但从客观看来，我认为毛主席的话很对。他说对中医要取其精华，去其糟粕，只有这样才能丰富现代医学。老实说中医有糟粕，西医何尝没有，问题在于识与不识。古代的西医不也曾主张过人是由四种元素造成的吗？最近百余种西药不亦都成糟粕而废弃了吗？西医中有些治法也是采取古代的经验。

中医中有许多哲理是难得的,可以采用,以补西医之不足,例如,中医把天地人视为一体,治疗上有培元扶正之说,等等,而西医对病症的看法有些机械。近来西医教育不是要改生物模式为社会模式吗？总之我认为医无中西之分,医就是医,医应采取各国医学之精华来丰富现代医学,用以治疗各种疾病,来保障人民健康。这应是现代医学的主题。医学在中国本已复杂,新中国成立前医界分什么德日派、英美派,中医、西医,现在又提倡中西医结合。不如说以传统医学丰富现代医学,以现代医学创新传统医学,实际上亦是如此。

我认为中医应从中央大力提倡发展研究工作。以现代科学方法来研究中医。研究机关应自设医院和各种试验室,从事实验,以所得成果,从试点作起,然后推广到面,再将其实效载入医学书籍,用之于医学教育,这样就丰富了医学知识。

现在又有藏医、印医和埃医,都是当地的传统医学,亦可说是经验医学,均可采取上述办法来丰富现代医学,但在使用上可采取适应地方习俗,灵活运用。各国各民族均有其传统性的医药。例如德国到现在仍有几十种草药不凭处方,随便购买,服用亦有相当效果。

各民族的传统医学,在各民族中多已根深蒂固,非短时可以完全消除,且亦不必完全清除,能发生疗效者自然会保存起来,否则亦必自然淘汰。有传统医学必然有传统医生,其知识多系自学而来,因此其学识深浅、道德品质亦必良莠不齐,故也有可能有害人民。故传统医学的学校恐须在相当长的时期内继续办下去。但培养传统医生应如何办,学制应如何,课程应如何等均应详加考虑。应保持传统医学或是改进传统医学,这是两个根本问题。以现今各中医学院的课程情况看是属于后者。因它们的课程中有不少是属西医的,如解剖、生理、外科,等等。因中西医的科学实验理论不同,所以在学生的思想中常发生矛盾。特别是西医学中医的人。据云,自从开设西学中以来,能坚持中西结合者为数很少。最近西学中这阵风已经停止了。

传统医学在各民族中既已根深蒂固,然在诊疗中,顺应社会发展情况和人民生活的改变,亦必须逐渐加以改进。如中医的汤药应加改进。汤剂只能利用药物的水溶物质,其酒溶或油溶成分就不能利用,且汤剂每次都须煎熬,极为不便。处20世纪,岂能再用上古之法?北京的同仁堂早有鉴于此,它适应科学的发展,将中药制成丸散膏丹,有的取其精华制成注射剂,其包装不仅科学化且亦美观,用之更为方便,这叫中药现代化。

中药问题是中国传统医学中一个大问题。各国的华侨仍喜服中药,甚而欧美各国人亦有喜服中药者。他们认为化学制剂单纯,副作用大,中药是混合药物,作用缓和,故中国中草药出口量相当可观。

中草药都有其化学成分,因而它对人体都会有作用,用之适宜都可起疗效。所以20世纪20年代,曾有人对中医中药建议提倡存药废医,这种看法未免太偏。中草药既含化学成分应经化学分析,药理研究,动物实验,临床应用,以确定其作用,最后推广使用。化学分析亦非易事,例如中国的当归,临床上对妇科某些病症,特别是月经不调确是有效。20世纪20年代后期,德国人即将此药制成片剂,名为调经片(Eumenol),括弧中写明是中国当归。近年来湖北医学院又在研究当归。总之,中药既含化学成分,根据经验必能治病,而中医硬将其药理纳入阴阳五行之说,未免过于唯心,令人难懂。

至于现在各医学院校统统开设中医课,且占学时不少,我认为这是应商讨的问题。中国医学绝大部分是历史的经验知识,学西医的人,特别是中国的医学学生应该知道其历史沿革,应该知道什么是其精华,什么是糟粕。如西医在学医史时,亦常提到希波克拉底或其他古代名医及其学说或著作。因此我认为现今的医学课程中应加医学史。医学史应分中西医两大部分。中医应在中国医学史部分中讲。医学史对医学科学的发展、演变过程均有详细叙述,这对启发学生的科学思想很有必要的。我们常说,人类的历史是不能割断的,科学发展史,医学发展史当然亦不能割断,所以我主张取消中医课,添设医学史课,且钟点不必太多,以免增加学生负担,使学生知其概要即可。

一个民族或一个国家科学若不发达,其医学亦不会有进步。医学是应用各种科学成就,促进人民健康的一门学问。这样就使学生体会到,要想把医学学好,必须有较好的基础科学知识。一个医生的基础科学知识愈广愈巩固,则其将来的科学研究亦必有较好的成果,否则不过是社会上一般从事诊疗的医生而已。旧社会多称名医为儒医,即除通晓医理外,还旁通其他科学,如社会科学,并通用之于医疗疾病。儒医者就是懂得社会科学和自然科学的医生。这样的医生可称专家或学者矣,否则仅有医学院校毕业知识的人,只可称为专门人员而已。新近的医学教育趋势,有改生物学模式为社会学模式者。因仅有生物学知识的医生,不会妥善解决人的疾病问题,因疾病的发生有许多社会因素在起作用。

17. 我对医学教育的几点意见。1983年4月,人大和政协都要换届,我想我83岁,开会太多受不了,且耳聋,开会听报告很吃力。我想最好将这份荣誉让给别人。然结果我仍是政协第五届委员兼选为常委。我因年老很少出门,来访者亦渐少,故对社会情况见闻亦渐少,这对政协就难起到知情作用,但事已如此,只好勉而为之。在五届第一次会议中我对本省医学教育提了几点意见,现简记如下:

新中国成立已40多年,在党的苦心经营和大力支持下,各行各业在破烂的或空白的基础上从事建设,都取得了辉煌的成就。当此四化建设时期,除遵照调整、改革、充实、提高八字方针继续努力外,应在重数量的同时,特别重视质量。在医学教育方面亦不例外。河南医学院是个老学校,已有55年的历史。在新中国建立之始,为适应前方和人民迫切需要,需办不少短期训练班和短期专科班,可以说它完成了历史任务。而现在科学日新月异,突飞猛进,以我国现在的教育方式、教育制度和教学内容已不能适应现状,且与先进国家的距离亦必愈益增大,若不想法改进,迎头赶上,势必日趋落后。如果这样下去,则医学现代化就成空话了。

质量如何提高,管见所及,略陈于后,以备领导参考。

(1)医学院的领导问题。医科大学、医学院、医专等校因系教育机关,理应归教育部门领导,而教育领导部门除领导教育总原则外,不可能样样都懂,势必与有关专业部门合并领导,例如:医学院由教育部和卫生部合并领导,这本是一件好事,无奈龙多不下雨,卫生部门说,有关教学事与我无关;

教育部门说,事关医疗,我管不着。本是一个教育机关,硬将其分裂为二。关于这个问题,据参加北京开会的领导人说,争论得很厉害。全国除上海、山东外,其他各省大都如此。医学院的人都说"卫生厅对医学院是后娘待遇"。

医学院校的附属医院与学校本为一体,没有附属医院就不成为医学院,附属医院没有学院,它何所附属(附属医院这名称本来就不当)?医院是临床教学基地,它的一切都是为教学、科研和诊疗服务的,岂能与医学院分割治理?它又是学生离开学校的最后一关。这一关把好与否,与提高医学教育质量大有关系。

改善办法是一个医学院校归一个部或厅领导。学校和医院的经费应由一个主管部门直接拨给医学院。这样就可消除医院与医学院严重的分家思想。

医学院既属教育部门又是医疗部门,是否在两部门之间组成一个医学教育委员会。举凡经费、课程、实验和科研等,统由此会来讨论决定。此会可设于省政府或教育厅内,由教育和卫生厅主管,会中委员可选对教育、医疗有丰富知识和经验的教师和社会上的医教名流参加,委员会中可设几位常任秘书,不断巡视各地院校,了解对决议执行情况和有待解决的有关问题。

最近教育部取消,改为国家教育委员会,但对医学教育领导体制如何改革,尚未见有明文规定。

(2)数量与质量问题。河南医学院每期招生数目太大,均为500人左右,这是医学院在求质量上的致命之伤。500学生入校后须分为三大班或四大班,就等于两个双轨制,同一课程要讲三四遍。某些小科又将一大班分为几个小班,同一课程须讲七八遍。大班课堂上,后排坐的学生既听不清教师所讲,又看不清挂图和黑板字,只有自看统一教材。这样教学,学生除死记硬背外,谈不上消化体会,其苦可知。学校虽亦有电教设备,只是在教学方式方法上添点设备而已,对整个教学未能起作用。且所有电教设备已经落后了。

（3）临床实习问题。在教学过程中最大的困难,亦是关键性困难是临床的课间实习和生产实习。现在中央规定实习医院即教学医院的床数与学生数的比例为1:1。现今医学院的规模为 2500 学生,而现有的两个附属医院共有病床不过千余张,即将来第三附属医院建成后最多亦不过共有 1500 多张,因此学生必须分配到其他社会医院实习,各省是如此,国外亦概多是如此。但我省医院技术水平悬殊较大,这样就使实习完的学生在程度上有差别。然现在的学生数量又非如此不可。解决这个问题唯一的好办法就是少招生。几位有数十年教学经验的老教师都认为一班学生最好为 60—80 人,最多不能超过 100 人。但是我省医生较少,又非多招生不可,政府这种为人民健康着想的心理是可理解的,但只求数量不力求质量的提高是达不到现代化目的的。解决办法可有下列几种:

A. 多办医学院。前几年我在政协曾多次提过此案,到现在只将汲县医专迁到新乡,改为新乡医学院。

某位领导同志说得好:现在最好办的就是医学院,若有一所设备较好的实习医院,则医学院已有一大半了。省人民医院是我省比较好一所医院,为什么不能办一医学院。基础课教师不足时,医院可以调配或协助嘛。北京第二医学院就是这种办法。它只办医学基础部,基础课学完后,即将学生分配到各市立医院进行临床教育,学完后举行统一考试。临床教师就是各市立医院的高级医师。这在北京可以办,因其各医院的水平相差不大。我认为其他各省亦应创造条件采取这种办法,以达短时内能多培养医生的目的。此外这种办法尚可壮大教师队伍,提高医疗质量,各医院间亦兴起竞争之心,有竞争就有进步,诚一举数得之法。因此请卫生厅在市区或地区医院划定某些医院为教学实习医院。划定后为提高该院质量应优先增加设备,高级医师优先到大城市正规医院进修,以作师资培养。达到一定程度,就可仿照北京第二医学院开办医学教育。负责教学的医生,亦应给以适当教师名称。

B. 河南医学院建筑基地已经饱和,再扩大招生,必将造成许多困难。因此我想是否可仿照别省在适当地区设分院。

C. 从速恢复洛阳医学院,它的教学医院即涧西医院仍然存在。原该院的教师调往他省者仍可调回,有困难时,河南医学院仍可协助,所以说恢复该院不是什么难事。

各地区的医专可以加速筹备改为医学院,仿照新乡医学院办法。

领导若重视医学教育,若能采取上述办法,则短短数年内,就可达到多培养医生的目的。

(4)延长学制。医学是多种学科在人身上的应用的科学,现在科学日新月异,各种电子仪器、放射线新产品、激光等都已用于诊疗,因之医学的知识亦必随之而增长。医学的对象是人,而人是社会中的人,并且许多疾病有社会上的因素,因此,医生又须懂点社会科学如心理学、经济学、哲学、社会学,等等。随着工业发展出现许多职业病,这又给医生在知识上增加负担。常言道:人类历史是不能割断的,而医学亦是人类历史之一,作为一个医生不可无医学史知识。因此我认为医学院应增加医学史课程,应设医学史讲座。

综上一切,医生应学的知识,随科学水平的提高必然是逐渐增多。因此,为了减轻学生的压力和培养其思维能力,现行的五年制已显得太短,应将医学院校改为六年制,即五年课程,一年生产实习。但鉴于全国院校情况不同,不能采取一刀切的办法,初步意见是,重点院校和部分老医学院设备较好,师资队伍强大者应先试办,逐渐推广。先进国家的医学教育概多为六年制,甚而有更长者,而我们仍为五年,这样就难得他们承认我们的毕业生。

(5)教师知识更新问题。我们现有的教师,绝大多数是20世纪60年代或在这以前毕业的,知识或多或少都有点老化,如何更新以适应现代科学要求,已成为全国性问题。除个别人外,绝大多数是不能出国进修的。为了节省外汇,扩大效果,我认为从中央和地方,由省内外和国内外专家组成一个讲学团,轮流到各院校介绍新知识和科学新成就,这也是提高质量一个办法。

地区或县医院的医生,亦要每隔几年轮训一次或考试一次。这样可督催其学习,可促进其向上之心。工作在内地的医生,没有环境逼迫,是很容易自甘落后的。像周礼荣这样的人是很少见的。

（6）多设专科学系。医学院校应根据条件尽可能多设专科学系，培养专科人才以应社会需要。河南医学院的儿科、口腔科和耳鼻喉科以及眼科均有较好设备和师资，均可开设专科学系。现已取得上级允许。

凡事都是从无到有或从低到高的，不可脱离实际将目标定得太高。若太高，坐待条件成熟，则必事事落后。应该骑着马找马。

（7）增加药学系。药学系在我省尚是空白，各制药厂的工程师，都迫切希望医学院添设药学系或单独立药学院。药学系的设备、师资和课程均有其特殊性，应请专家及早从事筹划，最好能列入国家的"七五"计划中。

（8）增加精神病院。河南省有7000多万人口，到现在只有新乡和洛阳白马寺两个像样的精神病院。实在太可怜。东欧波兰只有4000多万人口，就有18所精神病院。希望有关部门和领导积极协商，在全省适当城市增加正规的精神病院，这亦是现代化中一件重要的事。

九、幸福的晚年

(一) 向党委申请退休

中央决定改革机构裁减人员,减少虚职、副职发表后,我即响应写退休申请。文如下:

河南医学院党委:

我已入 82 岁之年,体力脑力日渐衰退,听力及老年性白内障亦日甚一日,因此,日常待人接物都感困难,更谈不到能完成工作任务。无功受禄,早已感觉有愧于心。为响应党中央六中全会的英明号召,我诚恳请求允我辞去副院长职务和学报主编职务,并允我即日退休。退休后,虽不在其位亦可谋其政,只要党委有所呼唤,而我又力所能及,决不推辞,因我在医学院数十年,对医学院前途和发展无时不在关心也。

敬呈报告

张静吾

1982 年元月 30 日

退休申请送上后,数年无下文。1983 年,医学院刘序宜院长说,你的退休问题,学校不能决定,须省里决定。看情况中央对退休尚无详细文件下达。

1982 年 11 月间,学校又让我兼医学院史志编纂组长,我一再向王健民书记说,请他挂帅,我可当参谋,结果党委仍让我挂名。我的性格不适宜挂名。我的责任心重,挂名不管事,觉着是不负责任,但完全负责,精力不足,结果另找几位同志做具体工作。对于院史我所了解的系新中国成立前那一段。对这一段我已写了草稿。1984 年体制改革时我不兼医学院副院长,我乘此机将学报主编和院史编纂都已辞掉,心理上已感轻快。学校还给学报名誉主编和院史编辑顾问等名誉职称,我感觉愧不敢当。

(二)患急腹症

1985 年 9 月 2 日我感上腹部不适,有钝疼,我认为没啥问题,可能是吃东西不妥,用热水袋敷一敷就好了。9 月 3 日,是学校宣传部与我约好的,要在这一天下午给学生代表 200 余人讲河南大学与抗日战争的情况,因这是反法西斯和抗日胜利 40 周年纪念日的全国性安排。起因是日首相中曾根带领百余名官员,明目张胆地去参祭靖国神社,并在世界战犯像前进行悼念。这明显表示日本对军国主义并没忘记。我虽腹部不适,但因暑假中就约定的,临时不便更改,故仍到四楼教室进行讲述。讲了两个小时,因我在抗日中遭过难,家破人亡,讲话中不免动些情感,但别无感觉。次日早晨突然呕吐,并吐有胆汁,我即认为不妥,马上就去住院。次日痛向右移,我想可能是病变扩移到右侧膈下。郭蓬芝大夫即请外科大夫会诊,他们疑是阑尾炎,我不相信。他们说老年人患阑尾炎,症状与青年人不同,而我疑为是右膈下炎症,他们亦不信。经透视右膈上下界限清晰且活动很好,因而排除此疑。我不发烧,然白细胞升到两万多。几位外科大夫商讨后,决定开腹探查,来征求我的意见。我心里想自己是医生,学科学要相信科学,况且住在医院要尊重医生的意见。我说我同意,但我有一条顾虑,我已满 85 岁了,能不能下来手术台,他们说保险没问题,我说那就开吧。他们即做准备,下午二时即进行手术。执刀者为苏寿恒、谢志征和许佩钦等大夫,他们准备得很周到详细,想到的可能发生的意外都准备了抢救,甚至对我老伴的照顾也准备了妥当人。麻醉亦很好,自始至终我毫无感觉,麻醉是由吴言钧自己作的。医学院副院长刘鼎业始终未离开手术室,院领导和内外各科领导均守在手术室,他们对我的关怀,可谓至矣尽矣。手术后,我闻之内心非常感激。

医生告我说:打开腹部见阑尾无任何改变,然胆囊已发黑行将破裂,并有一处胆汁已往外流,故囊腔内已有胆汁了。手术若晚一天,胆囊一破,必酿成全部腹膜炎,那就麻烦了。他们说幸而决定的及时。

手术后我想,我若住在外地,来往颠簸途中必加速病情的发展。若住在其他医院,医生们恐因我年纪大不敢动手术,那样胆囊必将破裂,酿成大祸。许佩钦大夫说的好,为你手术之用心用意,同给其他领导人手术一样,但为你手术还有一个情感问题。

手术的前前后后,使我常想到,我在医学院工作数十年,虽无什么特殊贡献,然受到全院同仁对我的爱护和关心,除内心感激外,觉得一个人不论职位高低要平易近人,爱护群众,尽心尽力将工作做好。公道自在人心,群众眼睛是雪亮的。

(三)神经病学译著出版

1980年前后,我所译之西德出版的《神经病学》,1981年5月交稿后,终于1985年12月出版了。所译的原本书是1978年的第五版,而1982年原书的第六版又出版了。在所译的第五版未出版前,我对此书出版与否已不感兴趣,因已陈旧。1985年9月,我因患急腹症住院,出版社认为万一我病治不好,而书变成遗著不好,就以急件抓紧时间把它印出来了。

书出版时我正在住院,我根据新购来的第六版从头至尾核对了一遍,原章节和段落甚至原句均无大的改变。仅在辅助检查节上增加了几种新的检查法,如B型超声波,甲子发射CT和核磁共振CF,增加了两个图、两个表,此外在某些段文中增添了见解。整个说来,原译本的面貌无很大的改变,仍不失作为科技新书的价值。因此我心中稍为安慰,不像我以前所想的鲜蛋不能鲜吃,待放臭了再吃那么严重。

关于这译本的出版,《郑州晚报》(2月5日)作了报导,有人听到河南广播电台亦做了介绍,可惜我未听到。医学院院刊时仲省同志,曾带一本到北京赠给健康报社,亦希望《健康报》能为之介绍推广。近年来的科技书大多译自英美,译自德语者罕见,因此《健康报》可能做了介绍。

书虽然出版了,可惜排版技术和印刷纸张质量太差,以致版面眉目不清,不醒目,照相图更是一片模糊。因经济技术所限,若精益求精会更好些。许多人说,书能出版就不错了,所以我也满足了。

(四)我家族人员散居各处

族下人口多了,要聚居于一处是难能的。况且社会繁荣,交通方便,为了谋生势必趋向他方,再加以抗战八年,中国大半河山皆沦于日寇,在那些年中,全国人口皆处于流荡迁徙中。新中国成立后,全国恢复了安定团结,生产发达,人人有工作,因抗战中逃出的人,新中国成立后有工作的人,和在工作地点成家立业的人,都在原地落户了,看情形要如此继续下去。因此我张家族下的人,现分散于全国各地。据所知现记于下:

我大侄张宏毅随其母赴台湾,现在台中。其一子、二女均大学毕业,均已就业,并已有孙,已二三岁,我家第四辈人也。我五侄宏远现在台北一大学教书,曾赴美进修一年,他有二子皆在中学读书,与他们已三十多年未见,梦寐渴盼一旦全国能统一,全家还能团聚,但不知在何年何月!

二侄宏任在合肥,他虽离休,然其子女均在当地就业,将来结了婚,岂不也落户于安徽了。

三侄宏勋在宁夏银川,其女已在该地就业,不久就要结婚,亦要定居于银川,三侄夫妇已离休。

侄女宏育与其爱人均已定居于西安,其两女必在西安就业。

四侄宏中与我均已落户郑州,原籍巩县已划属郑州市,现在只有我们这一部分人,可说尚未离家乡。

长裕这一家就更复杂了,因子女多,散布的地方就更广了,他随其大女儿宝莉落户到重庆了,因其女儿在重庆医学院儿科当医生。其最小之子季生亦在重庆近郊工作。新生在沈阳。一女儿美莉(即新莉)在天津。安莉在成都,其大儿筑生考得博士后,即调到北京大学,教数学。听说他解决了数学中一个多年未解决的问题,因此他曾应美国邀请到美讲数学半年。

我八叔另一子长年,继其父之业在西安成长,就业西北大学,当亦落户在西安。

我五伯之孙,瑞哥之子保国亦落户在重庆。

大排行族兄张瑞祥之子松筠一家亦落户于西安。族兄五成之子松洛亦在西安落户。

屈指计算我家这一族人现已散布全国十个地方了。这也是社会变迁的必然规律。

我这一辈大排行老三,早在清末就落户在兰封县(兰考县)的三义寨了。他的名字记忆不起来了,他的儿子叫松三,我父亲在兰封县当知事时(民国二年),松三还同我一块跟胡宗宿先生读书。我这位本家三哥,可能是上一辈的老大或老二的后人。

(五)参加张伯英先生骨灰安葬仪式

1986年5月间,乃我省辛亥革命老人、陕豫两省军政界权威人士、起义军人和全国政协委员张钫(伯英)先生100周年诞辰,并将骨灰由京运回新安县铁门镇老家安葬。省统战部、省政协及省民革委员会主持此事。我有幸被邀参加。因时间关系我未发言,谨将发言稿附此,以表我对伯英先生的仰慕和悼念。

我今天能参加张伯英先生诞辰100周年纪念会,感到非常欣慰。伯英先生是我的老前辈,在与他的多年接触中,使我在处世接物上得到不少教益。

他是豫陕两省军政界和社会上的权威人士,是辛亥革命的老人,是两省人民共同景仰的老革命家。他一生为国家为人民做了不少有益事情。他的功勋事迹,文史资料的工作同志,曾为之撰写,原稿我已读过。今天我只谈我亲聆教益中的几件事。

1. 抗战期间我在西安,某日同伯英先生一道为某人看病,途经东大街钟楼走向南门(和平门)时,他说:辛亥革命那一天我在钟楼前指挥革命队伍,整整地站了一天一夜,并说,南门城楼是他打掉的。

2. 原河南大学医学院是 1928 年创办的,在 1930 年时,因为校经费困难,学校主管人采取裁科并系办法将刚办两年的医科(后称医学院)裁去。医学院师生各处奔走呼吁,终无结果。时阎冯在豫东合攻蒋介石,当阎冯失败后,伯英先生为河南省临时主席,鉴于人民需要医生,随应师生请求即令河大将医学院恢复。新中国成立前河大医学院之存在和发展,以及培养出数百名医,这与伯英先生的协助不谓无功也。

3. 伯英先生对教育很热心,对师生爱护备至,除在西安主办西北中学外,对于河南大学亦经常关心。抗战期间河南大学全体师生由荆紫关步行赴西安,西安的河南同乡会闻讯即开会商议如何接待事宜,时伯英先生因事不在西安,大家开会时议论纷纷,然终提不出具体办法。

一二日后,伯英先生回西安,闻知此事即电话当时驻在西安的胡宗南,请他为之准备一千人的住处和粮食,胡即照办。师生到达的当晚,伯英先生还亲自在场指挥一切,还命我带一部分师生开进某医师占用的原河南同乡会,并嘱我说:"就说我这老龙头说啦。"因河南人多呼伯英先生为"老龙头"。大部师生住在西门外的营房。这样长途跋涉、备尝辛苦的河大师生始得有落脚之处。几日后河大即迁宝鸡石阳庙了。要不是伯英先生的威望和关心,河大师生当晚会露宿街头或分散各处,其劳累痛苦当不堪设想。

4. 伯英先生胸襟广阔,能高瞻远瞩,凡于人民有益之事或对革命事业能有贡献之人,无不竭力赞助。我省早年革命老同志武剑西,抗战期间在西安(第一战区)胡宗南所办之战干团任教。人多知他为共产党员。因武同志常出入于伯英先生家门,无形中使武受到保护,故胡宗南未敢予以迫害。此外凡武有所请求,伯英先生无不大力赞助,这样使武剑西同志能顺利完成党所给之任务。这说明在错综复杂的旧社会里,伯英先生为国家前途能大胆主持正义。在新中国成立前夕,胡宗南又只身逃跑,其所属部队多倾向伯英先生,伯英先生洞察解放军是全心全意为解放人民,建设新中国的,他就带领一部分队伍,毅然率子张广居起义参加了解放军,使我国部分西北地区能获和平解放,免遭战祸,伯英先生贡献实大。

伯英先生的革命精神,从辛亥革命起,一直到率子起义参加解放军,其对真理的认识,数十年是一贯的。今日欣逢其诞辰百岁纪念,回忆其终身革命的经历,对我们大有益处,我们应当时常怀念,目睹祖国今日在世界范围内的崇高声誉和国内各种建设的伟大成就,伯英先生大可含笑于九泉矣。

(六)赴北戴河避暑

1986年7月,河南政协组织在郑的常委赴北戴河避暑。共分三批,每批约20人,我是第二批,我在北戴河鹤壁疗养院同杨章武及魏太星同住一室,每批为时约20天。北戴河在渤海湾之滨,气候确为爽凉,系一小城市,还带有乡村风味,人情亦较淳厚,街道无灰尘,而且公厕多,且很干净。街道两旁花木亦多,盆栽到处可见,虽日夜摆放,并不遗失,到该处避暑的人,以北京、天津、河南、山东、河北等地为多。南方人及外国人虽有,但很少见。海滨弯弯曲曲,故海浴处颇多。海滨大道,汽车稀少,最适下午或晚上散步。许多大机关在该处多设有避暑房舍。特殊的是该处家庭旅社颇多,并且多为女子名称。据说在机关工作的男同志不准开家庭旅社,因此多用家属女人名,每室可住二至四人。价亦不贵,每日两元到四元。这对旅游可称方便。看市容情况,北戴河很有发展前途。在北戴河同魏太星溜了四句:

> 仲夏北戴河,游人如穿梭。
>
> 凉风爽身心,酷暑奈我何。

避暑期间,曾到山海关一游。1919年赴日本时,曾在此经过,看到天下第一关,如今依然存在,惟铁路已略有改变,离山海关建筑较远些。我们亦

看了孟姜女庙。并亦溜了一首诗,为孟姜女翻案:

长城筑为何,只因胡骑多。

忠贞孟姜女,助夫保山河。

(七)继任省政协常委

1988 年,政协河南省委员会换届时,我虽事前一再表示因年老耳聋行动不便,人际关系日渐缩小,社会情况更不了解,请求退下让贤,但未被采纳,仍被选为常委。

(八)建校 60 年大庆

1988 年 5 月 1 日,学校定为河南医科大学建校 60 周年校庆日。我被邀为筹备委员之一。这是 60 年的第一次校庆。来宾估计为千人,结果共达两千余人。为了进行招待,安置食宿等,筹委会想尽办法,勉强完成任务。校庆纪念会在操场举行。来宾中有省的各位首长,中外人士,校友中有从美国回来者韩诚信夫妇,有从台湾来的王庭桢。医学院开办 60 年,各届毕业的,新中国成立前后约在一万人以上,新中国成立前有 300 余人。校友中感于师生情谊来舍下看我的有 60 余人。概为新中国成立前毕业者,他们离校后数十年未见面,鬓发已苍,绝大多数都相见不相识了。但彼此笑谈之间,大有今夕何夕之感。我仿照国外办法,用鸡尾酒会加茶点略事招待,并备有各种中国及河南地方名酒。结果饮酒者只有极少数人,由此可看出中外习惯不同,我的想法是不切合实际的。言谈中得悉我校友遍布国内各大城市,并多居领导地位,有些在学术上都有相当成就。闻后窃以为喜,国家兴亡、科学事业的发展,教育是根本。中国大学历史最长的为北京大学,医学校为军医学校,创于 1903 年。而国外如英美法德的大学多有百余年及近二百年的历史。而英国的爱丁堡大学将届五百年历史矣。由此看出教育实为立国之本。

在校庆日因会场设在操场,参加的人有各届毕业生,有在校学生。因场合与我所想的不同,故我未宣读我的发言稿。故附于此:

今天是河南医科大学建校六十周年的校庆,也是建校以来的第一次校庆。

回忆学校,以往在新中国成立前的因陋就简和艰难困苦情况,目睹现在的规模盛况和教学科研成就,我不禁大有今昔之感。昔日设备虽简陋然经师生之努力,亦不弱于当时他校。现在盛况之所以取得,是新中国成立后党关心人民健康,重视医学教育,历届党领导和历届学校领导以及各科教师们惨淡经营,千辛万苦,努力争取而来的。因此,我首先向各位领导和教师们表谢意,并致以崇高敬礼。

当然我们不应以现状为满足,科学日有更新,社会环境和体制亦日有进展和改革,我们亦应随之迈步前进。

同学们!校友们!我们多年未见了,远的在半个世纪以前,近者已有数年。今日由四面八方欢聚一堂,我在风烛残年,还能参加,心情无限兴奋。因此,我首向大家问好!

各届同学离校后,分配到各处、各单位工作,做出了许多优异成绩。许多同学写了有价值的论文和难得的著作,适对医学科做出了很大的贡献,从而也是母校添了光荣。我们应向努力医疗工作,努力科学事业的同学和教师们致以崇高敬礼!

六十年校庆我感触很多。现我仿照诗圣杜甫《赠卫八处士》诗,胡溜几句,以表我的感叹。我既不善文,又不懂诗词,然在校友面前,不怕丢丑,博得大家一笑,或使欢庆能更加活跃一些。

六十年校庆有感

人生不相见,动如参与商。

今日复何日,共此红太阳。

少壮能几时,鬓发多已苍。

未敢问故旧,惟恐痛衷肠。

焉知六十载,重聚校礼堂。

昔别君少壮,子孙今成行。

相见已不识,每问来何方。

别情叙未已,母校罗酒浆。

山珍海味少,洒南有佳酿。

民权葡萄酒,伊川有杜康。

均称会面难,一举累十觞。

十觞亦不醉,同窗情谊长。

学术逐日新,事业随日长。

国家岁岁强,母校日兴旺。

校友共此心,必能如愿偿。

望各自努力,同心振家邦。

(九)与二侄团聚

1988 年,家中最大的喜事,就是分别 40 多年的大侄宏毅及小侄宏远由台湾回来探亲,盼望多年的事情终于实现了。相见之后,他们还是传统礼节向我叩头。我高兴地热泪盈眶,竟不知说什么好。大侄是在九月中旬回来,小侄是在夏历腊月初六到家。当时宏任已经中风,不能行走。所以他们都到合肥探亲,后到西安看我的侄女宏育。宏远由西安返回,留在郑州过春节。在这之前,三侄宏勋夫妇亦由银川赶来。所以,这年春节家人团聚,特别热闹。这是 40 年来的第一次团聚。

宏毅及宏远均回巩县老家看望。旧宅现为养老院,保持的还相当好。他们亲眼看到了出生的窑洞,引起了他们不少回忆和今昔不同的感慨。春节之日,宏勋还教家中晚辈如何进行给长辈拜年叩头之礼,使现在的年轻人知道长幼有序,尊老敬长的民族习俗。春节过后,他们即取道北京回台湾。

我盼望着海峡两岸及早统一,使许多家庭团聚,实现 40 的夙愿。我愿为统一祖国而努力,使台湾早日回到祖国怀抱。

(十)欢度 90 岁生日

今年是我 90 岁之年,除各地的侄子和亲友欢聚外,听说学校亦拟在生日那天,开会祝贺。原想邀请老同事、老同学在一起畅叙友情,谁知学校请了省内各有关领导,如省教委、省统战部、卫生厅、省人大常委、各民主党派,以及老同事、老同学共七八十人,庆祝会开得非常隆重,并赠送了许多礼品,使我实在不敢当,且受之有愧。生日过后,当日盛况又见诸报端。报纸一出,又有许多朋友闻讯赶来祝贺。我在台湾的两个侄子也赶回来祝贺,举家大小、学校同仁、各级领导济济一堂,使我激动万分。我在会上谈了我的感受,又即赋诗二首,以表心迹。现将我的发言转抄于后:

我首先向省委统战部、省教委、卫生厅、各民主党派以及学校党政各领导同志、各位老同事、老同学问好!并感谢光临。

今天承党委和学校领导同志,召集和主持这个会来庆祝我九十岁生日,我感到十分光荣,我特表示感谢。对同志们赠给各种各样名贵的艺术纪念品和其他礼品,我也深切感谢。

到会的领导和其他同志在发言中对我过分夸奖,实不敢当,且有愧于心。

我是 1931 年正式参加医学教育工作的,迄今已整 60 年了。不论在何处,除日常工作外,在学术事业上均无特殊成就和贡献。所以今日大家给我的光荣,深为惭愧而感不安。但无论在何处工作,河南医学院总在我的怀念中,日日盼其发展壮大。现在党领导及诸同仁的努力下,教学及设备水平已大为提高,堪称中原一带医学教育中心,内心实感高兴。

我近年来耳聋、眼花、行动不便,日甚一日,所以很少时间与领导们和同志们会晤聆教。今日趁此机会和大家团聚谈笑,也是人到老年的一大乐事。我特向各位领导和在座的各位同志致以亲切的敬礼!

我近来除耳聋外，自觉还不糊涂。因此近来溜了两首打油诗，在诸位面前不怕丢丑，朗诵一下，以博得大家一笑。

两首诗亦概括地总结我的一生，也表示了我现在的心情。

（一）人生七十古来稀，渡过耄耋望期颐。

      同志欢聚祝高寿，高寿来之亦不易。

（二）一生坎坷险事多，勇往直前均渡过。

      历尽艰难向前看，国泰民安老而乐。

最后，深感光荣之余，再次谢谢各位领导同志和光临的同志！

在庆祝会上，省领导、学校领导和各民主党派代表都发了言。会议自始，洋溢热烈的气氛，使我终生难忘。《郑州晚报》《河南医大报》报道了这一盛况。

会后，我们将最大的生日蛋糕送给了幼儿园小朋友。

十、几首打油诗

（一）聊以抒怀和表达感叹

饱经世故，（一生经过）

历尽艰险，（多次遇危险）

虎口余生，（被日寇俘虏，跳沟逃回）

乐享晚年。（已逾古稀）

富贵荣辱，（财物图书完全丢失，受尽了人间歧视）

视之淡然。

（二）如何消除苦恼

人生如水随势流，许多苦恼因强求。

遇事若能退步想，保你无愁又无忧。

（有人说这是晚年保命哲学，不适用于青年人）

我一生虽历尽艰险，倍受歧视，然生年已愈八旬，有人说我胸怀宽大，不拘小节，亦不钻牛角尖。其实我是求实求是一个人，对不快事我很少耿耿于怀。我很赞成偃师县杨勉斋先生的两句话"除死无大难，到乞不再贫"。在艰险困苦中我常想：我不怕死，但不求死。我很欣赏敬爱的周总理两句话，"团结起来，往前看！"因老向后想那不快事有何益，徒增加苦恼，向前看则是宽宽大大。在受冤枉时期,我常想:历史上受冤枉的人士多了,一个人渺小得很,算不得什么,只要国家社会能搞好、能前进,牺牲了个人也没有关系。因我的前半生受尽了外国人的歧视,深为中华民族鸣不平,现在国家地位在国际上提高了,心里很高兴。为了多活几年我常说几句话:

知足者常乐,常乐者长寿,长寿可以傲王侯。

因称王称侯者虽煊赫一时,因生活腐化短命,什么也没有了。《红楼梦》上《好了歌》,启发了不少人的庸俗人生观。

(三)我一生认识了不少人,绝大多数都谈不上是真正朋友。因不共过事,不共过生死患难,难以认识人的本质心性。我一生也见过不少名儒大师,他们概多是虚心谦恭,言谈既不夸张亦不傲慢。而一知半解的人,所谓半瓶子醋反而觉着自己了不得,其所以如此,正是自卑感的另一表现,因此我又溜了四句:

山高可测云,[①]
无波知水深。[②]
饱学胸若谷,
交久知人心。

注:①在贵州时,见云高于山或在山腰,若测知山高,即可知云之高矣!
②这是德国人一句谚语,说无波之水是深水。

(四)1970年元旦前一日大雪有感(时在鲁山)

一夜大雪满天白,千树万朵棉花开。
农民笑颜庆丰收,白公迷路出不来。
群众齐出扫道路,各扫门雪已大改。

虽老无力去踏雪,兴趣仍浓未曾衰。

（五）1972 年 4 月,由郑州返温泉（临汝）途中

藤萝盛开离郑州,丁香已谢回温泉。

绿荫夹道风光好,柏油公路平如毡。

中岳庙前风驰过,少林未见诚遗憾。

五小工厂遍地花,祖国面貌已非前。

麦浪无际如流水,今年丰收胜往前。

女子司机首次见,技术灵巧不逊男。

（六）无题

人生如水随势流,阅尽沧桑已成叟。

人情世态已饱尝,看破红尘无所求。

但愿每日杯不空,形势大好何须愁。

一天和尚一天钟,风烛残年乐悠悠。

（七）1973 年 5 月,上官悟尘由北京莅温泉来访并拟南游送别

十载阔别怀念殷,千里屈驾承访问。

欢乐极兮悲从生,你我同逾古稀人。

千言万语从何起,饭后茶余慢慢陈。

内外形势一片好,今昔对比同此心。

愧无佳味敬挚友,促膝谈心胜成樽。

江南风景无限好,旧地重游更美君。

送别共勉珍健康,后会有期在良辰。

（八）在温泉待发回郑,工作已停,终日无聊,应王好礼大夫意代作:

庙废和尚在,谈笑无人来。

虽有寂寞感,比前亦悠哉。

又:

忆昔是闹市,今日可罗雀。

大门常关闭,来往已不多。

终夜闻犬吠,白日猪群过。

温泉失作用,浴室冷手脚。

开水停供应,夜多无灯火。

无工领工资,问心实不妥。

此情若太长,精神要颓唐。

何时再振起,理应速商量。

（九）1974年回郑后,有人赴京,乘便带给悟尘花生一袋。

何以长命,惟有花生。[1]

故乡特产,聊以为敬。

千里鹅毛,重在友情。

忝在知交,谅不为轻。

北国风光,多加珍重。

遥望京华,思念常倾。

春暖花开,可否来郑。

诸友健在,畅叙余生。

注:[1]花生亦名长生果。

（十）1983年芝蕙遗骨运郑火化（七月十七日）

> 恩爱夫妻十五年，日寇惨害忆嵩潭。
>
> 虎口余生我仍在，侄儿半百亦壮健。
>
> 荒山沉睡四十载，遗骨运回如团圆。
>
> 火化骨灰存郑州，音容如同在身边。
>
> 子女孙辈已成行，望你含笑在九泉。

潭头现划归乐川县，我们在潭头遭难事，曾或入《乐川县志·大事记》中。

（十一）1984年初春河边散步偶作

> 河边垂柳知春早，高山苍松能傲寒。
>
> 俯仰万物皆更新，满腹沧桑谁共言。

（十二）大小气候酝酿难（1990年春）

> 大小气候酝酿难，[①]内因外因疾病患。[②]
>
> 高瞻远瞩事业就，明察秋毫防未然。

注：①邓小平的话

②病理原因。

十一、回顾

回顾我的一生,我本是一个平凡人,但一生经过许多不平凡的事情。我出生于1900年,正是八国联军欺压中国之年,现已到1990年。中间历经三个时代:清朝、中华民国和中华人民共和国。经过多次战争:辛亥革命,军阀混战,北伐战争,抗日战争以至于在开封和上海的解放战争。还亲自参加过北伐战争和抗日战争。在学习和工作过程中,我翻过汽车,跌过马,带过脚镣,也与人拼过枪,与洋鬼子打过架,身前落过大炮弹(幸而未炸)。被日寇俘虏,尝过亡国奴滋味。在俘虏中妻亡侄伤,家破人亡。为保持民族气节,置生死于度外,跳入深沟,得以逃生。新中国成立后,在"三反"运动中,受冤枉坐过软监78天(老虎院)。反右时又被错划为右派,戴了20年右派帽子,受尽了人间的歧视,长期不让做专业工作。十年浩劫中戴过高帽,挂过牌,挨过打,家被抄过两次,丢失了不少文物和纪念品。在抗日战争中,为救死扶伤办过重伤医院与伤兵打过交道,为维护医学教育,跑遍了西南各省求贤人志士,等等。我在国内外亦见过中外驰名的权威学者,工作旅游中亦到过名山大川和著名城市。一生的生活也享受过高等待遇,亦过过人生最下层的生活。逃难中亦时与农民朝夕相处,深得农民的协助。我的一生沧桑难以枚举。回忆起来不胜感慨。能活到今日实属万幸。但引为愧心的是我身为医务工作者又兼教师,但因所处环境不同和时代动荡关系,在科研上无所成就。

我1934年首次到河南大学医学院,在此树立了办医学教育的事业心。此后无论何时或在何地,总是希望和关怀河南医学院能发展壮大。在这几十年的岁月里,我时时注意医学院的工作,不断提出合理的建议,并且身体力行,为学校的前进而献出绵薄之力。特别在近十数年间,我重新获得了发言的机会,向学校提了不少建议。不论在教学上、学校管理上,只要有心得,便秉笔直陈,以期河南医科大学越办越好。

附 录

一代宗师——忆恩师张静吾院长

张效房[①]

恩师张静吾院长离开我们已经 10 年了,而张老师的音容笑貌和学者风范都深深地留在学生们的心中,他的严谨治学,诲人不倦,顾全大局和终生为发展医学事业而奋斗的精神,永远激励着他的千万弟子。

我是老河南大学医学院的学生,1939 年入学,1945 年毕业,然后又一直在学校工作,至今已 70 年了。我和同班同学魏太星都是跟随张老师多年,与张老师接触较久,受张老师教诲较多的学生。在张老师逝世 10 周年之际,我们共同回忆 1943 年至 1998 年半个多世纪以来,得到张老师的教导、启迪和精神的感化,使我们更增加了对张老师的崇敬之情。

兹记数件往事于下。

一、久盼甘霖

全院师生热烈欢迎张静吾院长重返河南再度主持医学院。

1943 年,由于河南大学医学院原来的院长阎仲彝教授被调往当时的省政府,医学院暂由几位教授组成的院务会主持。余年来亟盼一位学术造诣高又有领导经验的院长。张静吾院长本来就是老河南大学医学院建校创始

---

① 河南医科大学眼科著名教授,眼科主任;国内外著名眼科专家,获 1978 年全国科学大会先进工作者及优秀科技成果奖,多次获国家级、省部级先进工作者及科研成果奖。享受国务院特殊津贴。

人之一，这时远在贵州省。院务会以全院师生的名义，多次电请张院长返回河南再次主持医学院。张院长考虑到发展河南医学事业的需要，和全院师生的热烈企盼，毅然同意离开当时的抗战后方，而到临近前线的河南嵩县山沟里。1943年冬，久久盼望的张院长终于来嵩县了。师生们欣喜若狂。除了派人前往洛阳迎接外，全院师生都到县东十里的陆浑岭列队欢迎，有些同学还到30里外的田湖镇等候。当张院长一行到达时，伫立在公路两旁的师生们兴高采烈，掌声雷动，并簇拥着张院长一行徒步走到嵩县县城。嵩县的县长也在欢迎群众的行列中，那种热烈的场面，至今仍记忆犹新。

二、治学严谨

张静吾老师到校以后，首先整顿学风，鼓励学生勤奋学习。提出学生毕业时要进行面试，要有淘汰，不能一班学生全都毕业。这是对同学们的严格要求，也是对同学们很大的激励。我们班是毕业班，每个人都兢兢业业，在当时抗战后期最艰苦的条件下，更加努力的学习。

张老师返校后首先给我们班讲神经内科的课。张老师讲课不仅语言生动，而且理论结合实际，把他丰富的临床经验贯穿在讲课内容中。张老师每次讲课都向学生们提出很多问题，叫同学们站起来回答，不仅是上一次讲过的内容，而且还问到其他学科有关的基础知识和理论方面的问题。同学们回答不出来时，他就给大家进行讲解。同学们都说，如果每门课都是这样讲法，我们就必然学得更扎实，记得更牢固。

三、经历浩劫

1944年春，日寇侵占洛阳进攻嵩县，张老师、张师母和侄子张宏中被日军截住，张师母当场被日兵刺死，张宏中被割断食道，奄奄一息。张院长惨遭如此巨大打击仍时时关心医学院师生的安危和日后的生活学习。翌年，抗日战争胜利后，河南大学重返开封校址，医学院重整旗鼓。但张宏中仍因食道瘢痕狭窄不能正常进食，每天只靠橡皮管灌些稀汤牛奶维持。一位16岁的少年经此摧残实在令人痛心，这是日本军国主义者的罪行，使国人难忘。直至 8 年之后,1951 年在张院长的支持下,我们眼科首先进行组织疗法并由我主持全院组织疗法的研究,我给张宏中注射组织液,才使瘢痕缓解,逐渐恢复了正常饮食,成为我院检验科的一位出色的检验师。

四、顾全大局

经过八年抗日战争,河南大学几度迁校,特别是 1944 年学校在嵩县遭日寇洗劫一空,图书教具损失已尽,附属医院的医疗设备更是极度缺乏。抗日战争胜利后,一个国际组织——联合国善后救济总署,拥有大批战备物质,其河南分署医疗卫生部门的负责人张汇泉,掌握着医疗设备药品。张院长决定辞去河南大学医学院院长,而请张汇泉来当院长,以便带来善后救济总署的设备药品,尽快恢复医学院和附属医院。张老师不仅顾全大局,为学校的发展而让贤,而且又打破了德医派与英美派的门户之见,当时就受到普遍的赞誉。

五、廉洁自律

张老师担任领导职务前后数十年,一向以廉洁著称,1952 年"三反"运动时,由于特殊的原因,被人诬告当院长时有一批医疗器材和 600 张床位的设备被数人私分。但经各方调查,此事原系子虚乌有,张院长连一文钱的公私不分都没有。

记得 1947 年前后,张老师任河南省卫生厅厅长(当时称卫生处),河南省许多专区要成立专区医院,需要任命一批院长。当时人才甚为缺乏,我们班和上下几个班的同学毕业后也大都有了合适的工作,不过还是由张院长挑选了几位有行政才能的学生分别担任几个专区医院的院长,例如萧协五担任潢川专区医院院长,于之漳担任陕州专区医院院长,宋耀任商丘专区医院院长等。他们赴任前张老师一再叮嘱他们要廉洁奉公,要恪尽职守。张老师并在他们离汴赴任前的送行宴会上说:"诸位到任后做好当地的医疗卫生防疫事业,大胆开展工作,只要不贪污,不出医疗事故,我都支持你们,做你们的后盾。"后来这些院长们工作都非常出色。有的在新中国成立后仍是当地的主要技术骨干。

六、致力学术事业

张老师一生致力于医学事业,由于早年留学德国,以优异成绩取得德国哥廷根大学的医学博士学位。二战期间我国对外学术交流几乎完全停顿,国外资料无从获得。抗战胜利后,张老师从德国得到一本德文原版的《内科学》。为了使对外封闭了八年的中国医生迅速了解西方的医学发展,在当时尚不安定的环境中,在工作之余,夜以继日翻译这本书籍,魏太星同学帮助整理,并参与部分翻译工作。这是新中国成立前非常少有的医学译著。

后来在20世纪50年代末,张院长受到不该有的政治歧视,但仍不忘发展学术,又从事一本德文《神经内科学》的翻译。其中涉及眼科的一些比较复杂的问题,张院长还特别要我再斟酌一下如何用我国当时所用的中文眼科术语进行表达。这种保证学术的严肃性,一丝不苟的精神,令人钦佩不已。

七、心系病人安危

1950年,一次院务会议讨论国庆节放假问题。张老师时任医院院长主持会议,我是工会主席,也参加了这次会议。会上有人提出按照国家规定全院放假三天,而且十月一日全体人员参加省会的庆祝大会(那时省会在开封),事关国家大典,一个人也不能缺席。这样的安排在行政单位当然是对的。张老师马上指出这样不恰当,并且说作为医院连一天也不能关门,不能全体人员都去参加大会,必须留下足够的值班人员,不能置住院病人于不顾,也不能使急诊来院的病人得不到及时治疗。在新中国成立初期医院还无严格的制度,张老师又是党外人士,坚决否定这项意见,而不机械地执行上级指示,是冒着一定风险的。会上无人敢支持张老师的意见,只有我发言解释医院不能关门的原因,举出我实习和工作过的几个医院的情况,最后由于张老师的坚持,还是按张老师的意见办了。

八、支持新生事物

1950年在学习苏联的过程中由眼科首先开展了组织疗法,初步临床应用,取得了肯定的效果。我向张老师汇报,得到了张老师的鼓励和支持。张老师说,有人贬低组织疗法,胡说什么组织疗法是"组织上"的疗法,是苏联的穷办法。我认为只要真正有效就可以研究,就可以应用。指示我继续做下去。不久张老师又抽出专人建立了全院组织疗法研究小组和组织疗法材料制作室,并指定我为负责人。实践证明组织疗法对某些特定的疾病疗效是显著的。眼生素、胎盘组织液等至今仍在临床应用。

大约是在1953年前后,郑州的153医院实行"保护性医疗制"很有成效。于是张院长亲自率领十余位科主任、护士长和行政管理人员,由开封乘火车到郑州以西的铁炉火车站,徒步走到153医院参观学习。学习极为深入而认真,在该院住了三天。回到医院后,逐步推行,使全体医护人员开始树立了以人为本、一切为了病人的医疗思想。

九、心系医院发展

1956年省政府和卫生部决定河南医学院迁往郑州,在郑州西区建设新的校务和新的600张床位的医院,这在当时也是河南最大的医院,省人民医院只有400张床,这是医学院进一步发展的大好机会。经研究学校教学楼的建筑由杨永年教授负责,附属医院的建筑由张老师负责。张老师抽出两个科主任协助医院的设计事宜,抽出的两个人是王伯欧(内科主任)和我(眼科主任)。刚开始不久,王主任紧急赴豫东防疫而退出。由郑州请去一位省设计院的工程师范先生,到开封了解情况和进行初步设计。范工程师是设计民用住宅的专家,对医院设计并不熟悉,而且年事已高,思路显然有些跟不上时代发展,全凭张老师筹划一切。从1956年到1957年上半年张老师不断地奔走于汴郑之间,勘察地形,拟订方案。那时候火车运行很慢,郑州是个席棚站台,上下车极不方便。郑州居住条件很差,工作紧张,经常夜以继日,废寝忘食,不久,张老师由于劳累过度,出现心衰而住院。住院期间还在继续筹划医院的建设,经常把我叫到病床前,把他考虑的方案告诉我。例如病房内床位的安排方式,手术室的冷气设备,手术看台的设计,结核病区的阳光病房,干部病房的配置等,在当时都是先进的,甚至是超前的。我在张老师手下工作这一段,老师的执着精神,锲而不舍的意志,一丝不苟的作风,深深地感动着我,教育了我。

十、一层德语风采

新中国成立后郑州新建一所砂轮厂,是由德意志民主共和国的技术专家前来设计和安装的。德国专家和他们的夫人有病时,都是来我们医院诊治。他们虽然有翻译陪同,但有关医学上的名词用语,翻译并不熟悉。所好我在河大医学院读书时,是学的德语,虽然后来都用英语阅读,并曾在英国教会医院实习和工作过,以致德语忘了不少,但眼科术语还是记得的。一天夜里,一位德国老专家的夫人,眼部烫伤急诊来院而未带翻译,我只好去请张老师来应急,按说这是不应该的,本来是一位略通德语口语的年轻人可以做的事,何须劳一位伟大学者的大驾呢?这是不得已而为之。后来,那位老专家和夫人又来时,主动要求再见见张老师。在诊病之外,老专家又与张老师谈话,谈了些德国的地理、风土人情,等等,张老师赴德留学归来已 30 余年,德语还讲得那么流利。随来的翻译组的组长事后告我说,德国人很佩服张院长,他们说张院长讲得一口标准柏林音的德语,而且丰富的见闻、渊博的知识和翩翩学者的风度使他们钦佩不已。

十一、受到群众尊重

张老师在被错划为右派期间仍然受到群众的尊重。1960 年暑假,工会组织教师参观团准备去参观三门峡工程和洛阳新建的大工厂。我是当时的工会主席,担任参观团的领队。张老师那时已被错划为右派数年,不曾外出,更不让参加社会活动。我想请张老师一起去外边走一走。记得在图书馆我征求张老师的意见。张老师虽然想去但表示担心学校不会准许他去。我说试试看吧。在往学校上报参观团名单时,我说参观社会主义的伟大成就不仅对革命教师是一次阶级教育,对右派的思想改造也是有作用的。于是张老师和夫人毋爱荣大夫就一同去了。参观三门峡大坝后回到洛阳,住在洛阳最好的旅店友谊宾馆,参观团三四十人包了整个一层楼。这层只有最里头是一个套间,其余都是普通标准间,这个套间十分宽敞,有一大套沙发,还有一个设备完善的洗澡间。原来安排我住,因为我是领队又是工会主席。我跟工会干部和其他教师讲,张院长是老专家、著名学者,又是我们许多人的老师,这个套间给张院长住最合适。大家都没意见,结果张老师和毋大夫就住进了这个套间。这本来也不算是件大事,但在那个年代,社会上视右派为阶级敌人,大家都要"划清界限"。这件事情就说明群众心里是明白的,对张老师仍然是敬重的。一路上参观团所有的人对张老师都没有歧视,都从各方面加以照顾,也说明了这一点。

十二、暮年继续奉献

粉碎"四人帮"后,张老师错划的右派得到改正,也恢复了医学院副院长的职务。张老师80多岁的高龄,以各种不同的方式继续发挥在学校的领导和指导作用,不断地提出一些意见和建议,如办学思想,人才培养,教学改革,中西医结合问题等。他的远见卓识,丰富的经历,过人的思维能力,高度逻辑性分析问题的方法,都是对后来者的教育,也是办学治学的有益参考。张老师始终强调无论哪个专科的医生都必须打好内科学的基础。这使我想起了20世纪40年代时张老师提出的一句名言:"Medicinist Medicin."意思是"医学就是内科"和"内科就是医学"。"Medicin"是个德文单词(英文是medicine),既是"医学"的意思,又是"内科"的意思。对此我深有体会。我曾早期做过一段内科,确实感到得益匪浅。

20世纪80年代初,学校为了提高我院学术刊物——《河南医学院学报》的水平,特地请张老师兼任学报的主编,并给他配了几位副主编。我是副主编之一,做他的助手,也是再一次向老师学习的机会。张老师曾对教师们论文中的学术观点,往往先后咨询多位教师,反复印证,决定取舍。记得一次在苏州召开全国医学院校学报主编会议。张院长嘱我代表他参加,并嘱我在会上认真学习其他院校的经验,深入领会会议的精神。这次会议的内容十分丰富,回来后我把会议文件和我记录的重要内容,特别是会议主持人中华医学会杂志社的廖社长对几个普遍存在的问题的解释和大会总结,都交给了张老师。他认真阅读了这些文件和材料,结合我院学报的实际情况,进行研究采纳和运用。作为张老师的副手,这几年中,我与张老师接触较多,老师的认真负责的作风,学术上的严格的科学态度,对我是个很好的教育,也对我后来主编《眼外伤职业眼病杂志》起到了极为重要的指导作用,谁能想到,在1944年听张老师讲神经内科学之后,事隔40年,又有机会恭睹老师的学者风采,亲受老师的人格教育。

十三、师生情深

1988年是医学院建院60周年,学校举行盛大的院庆庆典。有海外归国、有台湾回豫及全国各地前来的老学生六七十人,大都是20世纪40年代毕业的,已经40多年不曾见面了。看到张老师坐在主席台上,虽已年近90岁,仍是精神矍铄,大家都为老师的健康而感到欣喜,对老师关心医学事业的精神而十分钦佩。会后纷纷到老师家中看望,老师和母爱荣大夫都盛情接待。魏太星同学和我二人,邀请远道来的老同学聚会,张老师也参加了。席间张老师非常高兴,他回忆了抗日战争时期学院教学环境的艰苦,并历数学校近来的发展情况以及他的学生们所取得的成就,对大家进行了赞许和鼓励。同学们不住地给张老师敬酒,祝老师健康长寿、幸福愉快。气氛空前热烈,始终充满着浓厚的师生深情。听过张老师亲自授课的学生很多,而最老的学生在学校中只有魏太星、我和我爱人岳桂芳三个人,我们三人每当张老师的生日(阴历七月二十七日),我们都在中午去拜寿;每年的春节,我们都在早晨去拜年,每年两次不管夏日酷暑和烈日,不管冬天严寒和风雪,我们从未间断。后来岳桂芳患病,就由我代表了。师恩如海深,这是学生们对老师的崇敬和感戴。

深切缅怀老院长张静吾教授

吴逸明[①]

河南医科大学主要创始人之一、原河南大学医学院院长、河南省医学教育界的老前辈、德高望重的医学教育家、我们崇敬的张静吾教授因病医治无效,于 1998 年 8 月 14 日 11 时 30 分在河南医科大学第一附属医院不幸病逝,享年 98 岁。

张静吾教授 1900 年 7 月出生于河南巩县。1918 年河南留学欧美预备学校(德文班)毕业,1922 年上海同济大学医学预科毕业,1926 年从德国哥廷根大学毕业并获医学博士学位,回国后一直从事医疗和医学教育工作,曾在北京德国医院、河北医学院、上海同济大学医学院、军医学校担任医师、教授、内科主任教官等职。根据张静吾教授的建议,1928 年河南大学设立了医科,开创了河南省西医学教育的先河。1934 年后,张静吾教授任河南大学医学院院长、教授,新中国成立后先后担任第一附属医院院长、河南医学院副院长。张静吾教授是第一届、第四届河南省政协委员,第五届、第六届河南省政协常委,1955 年加入中国民主同盟,曾任民盟河南省委第五届、第六届副主任委员、河南省科联副主席、河南省医学科学研究委员会委员、中华医学会理事。张静吾教授一生致力于医学教育和河南医学院的发展壮大,为河南省医学教育和医疗卫生事业的发展做出了重大贡献。

张静吾教授的一生是为我省医学教育事业和医疗卫生事业奋斗的一

---

① 此文是河南医科大学原校长吴逸明代表校领导在张静吾先生的追悼会上的悼文。

生,是经历沧桑的一生。1927年河南省的唯一一所大学——河南大学,设有文、理、农、法四科,唯缺医科。当时,河南省还没有西医学,医药人才十分缺乏。1927年夏天,从德国留学归来的年仅27岁的张静吾博士以医师的身份,赴河南大学,力陈添设医科之必要,在多方努力下,终于在1928年创设了河南大学医科,为中原大地培养急需的医学人才,解全民之病痛,表现了一个教育工作者的忧国忧民的高尚情操。创建初期,学校设备简陋,师资奇缺,张静吾教授克服重重困难,招贤纳士,广延名师。在他的不懈努力下,学校办学规模不断扩大,即使在抗战期间的艰苦岁月里,学校辗转迁徙,师生颠沛流离,一部分师生惨遭日本侵略军杀害的情况下,教学工作、医疗工作也从未间断,为我国培养出了一代又一代的名医,显示出了医学前辈们坚韧不拔、矢志不移的奋斗精神,给我们树立了艰苦办学的榜样,表现出了知识分子高尚的爱国情操,为学校的发展壮大做出了突出贡献。

张静吾教授是一位立场坚定的民主爱国人士,是一位坚定的爱国主义者,同中国共产党有关同志有过真诚而亲密的交往,早年在德国留学期间和朱德等共产党人一起共同讨论国际国内大事,心系民族危亡。1925年上海"五卅"惨案发生后,他和留德的共产党人一起开会声讨,会上他慷慨陈词,痛斥帝国主义,声援"五卅"运动,受到当时在德国的朱德同志的赞赏,显示了高尚的爱国主义精神和民族主义精神。在反右运动和"文化大革命"期间,张静吾教授受极左路线迫害,被错误地划为右派分子,受到了极不公正的待遇和错误批判,直到1978年3月才得以平反昭雪。但他仍坚信共产党的领导,热爱共产党,热爱社会主义,并保持革命的乐观主义精神,坚持教学、勤于钻研、不卑不亢,坚持真理、坚持原则,在医疗科研方面仍做出了不少成绩,体现了一个老知识分子、老医学专家和医学教育家的高尚品德。

张静吾教授作为一名医学教育专家,他治学严谨、学识渊博、思维敏捷,讲课生动、形象,深得广大师生的好评和爱戴。几十年来,张静吾教授艰苦创业,不断努力,辛勤耕耘,不计名利,培养了一届又一届优秀毕业生,可谓"桃李满天下"。凡是听过他讲课的学生,无不为他深邃的思想、广博的知识、灵活的教学方法和丰富的教学内容所折服。

张静吾教授和我们永别了,但他音容犹在。他严谨的治学精神和艰苦创业精神永存。我们不会忘记他在 88 岁高龄时还关心着学校的发展,关心着学校改革开放十年来的巨大变化,积极参政、议政,为河南的经济发展、社会文化事业建设出谋划策;我们不会忘记他妙趣横生、谈锋犀利的言辞;我们不会忘记在谈到学校近年来发生的巨大变化时,他的兴致勃勃的神态;我们不会忘记他追求真理、坚持原则、秉公直言的品格;我们也不会忘记他心胸开阔、平易近人、乐观豁达的性格。而如今,在学校取得辉煌成绩的今天,他却静静地、永远地离开了我们,在留给后人的遗嘱里,他提出了丧事从简。这位世纪老人,他脚踏实地、鞠躬尽瘁,为河南省的医学教育事业奋斗了一生。他的去世,对我们河医大所有校友、对所有热爱医学教育事业的人们都是一个巨大的损失。他离开了我们,但他的奋斗精神、创业精神还一直激励着我们。我们一定要继承张静吾教授的遗志,化悲痛为力量,围绕学校的发展目标共同奋斗,把河南医科大学建设得更好。在学校即将举行 70 周年校庆之际,河南医科大学所有校友将重聚校园,缅怀先贤,共商发展大计,河南医科大学所有师生都不会忘记这位河南医科大学的创始人。这位世纪老人,将永远留在我们的记忆里!

《河南医科大学学报》1998 年第 3 期

纪念河南现代医学奠基人
张静吾先生诞辰 120 周年

民盟郑州大学委员会　姜鹏

求木之长者,必固其根本;

欲流之远者,必浚其泉源。

河南高等医学教育能有今日之成就,离不开我国著名医学教育家、河南现代医学奠基人之一、原河南医学院(1984 年更名为河南医科大学,今为郑州大学医学院)创办人之一,张静吾先生。

2020 年 7 月 27 日,是先生 120 周年诞辰。

纪念,缅怀!

张静吾先生是 20 世纪 20 年代德国哥廷根大学国家医学博士,北京德国医院第一位中国医师,国民政府第五重伤医院院长,贵州安顺军医学校(国防医学院前身)附属医院院长,河南大学医学院(今郑州大学医学院)创始人,河南大学医学院院长,河南医学院院长、副院长,河南省神经学科创始人,民盟河南省委原副主委。

张静吾,原名张凝,字静吾。1900 年 7 月 27 日,生于巩县兴仁沟村。

11 岁时,他先后在巩县和兰封县城读高小,1913 年冬考入河南留学欧美预备学校德文班(位于开封,河南大学前身)。

1919 年,他东渡日本,考取东京医专。途中,目睹被殖民的朝鲜民众,深感痛失国家之悲哀。是年,先生执杖参加呼应北平学生进行"五四运动"

125

的千人游行,反对中国驻日公使的媚外行动。并与日警搏斗。因不愿受日本人歧视,1920 年他愤然归国,进入上海同济医工专科学校学习。

1917—1922 年期间的同济医工学堂旧影(今同济大学)

1922 年,张静吾赴德国哥廷根大学学习临床课程。留德期间,先生刻苦学习,一心要为国人争气。除用心上课、认真复习外,他还到柏林等地医学院校听名医讲座,利用暑假到医院外科、妇产科、病理解剖等实习。

留德期间的张静吾先生(1924年元旦摄于德国哥廷根大学)

先生学习成绩优异,各门成绩总评优等,名列前茅。1926 年毕业,经学位考试和论文答辩,获德国国家医学博士学位。

张静吾于 1926 年获德国哥廷根
大学国家医学博士学位

期间,张静吾结识了朱德、孙炳文、武建西、李维汉、朱家骅、邓演达等仁人志士,他们经常在一起交谈、聚会;交流传阅进步书刊,参加革命活动。由于与共产党人、进步人士的交往,张静吾思想上受到这些无产阶级革命家的深刻影响,先生的爱国热情和为祖国医学事业献身的志向,更加坚定。

1926 年冬,先生由马赛登船回国,投入了轰轰烈烈的北伐战争,任国民革命军第二集团军第八方面军医院副院长。

1927 年,先生返乡省亲,目睹河南荒乱景象,民病无医,苦不堪言,他就以医师身份访问河南中山大学校长凌济东,"极陈创办医科之必要"。同时向时任河南省主席刘茂恩建言,河南应有医学院,以培养医学人才,解除病人痛苦。刘主席批准之,拨专款筹建河南大学医科。开启了河南省现代高等医学教育的先河,填补了中原地区医学高等教育的空白。

时先生受命前往上海为前线采购医疗器材,不能亲为建校,遂设法联系

1927年6月，河南省政府在开封成立，冯玉祥任河南省主席，开始筹设"国立开封中山大学"。7月，改为"省立中山大学"，设有文、理、农、法四科。

1927 年省立中山大学设立时仅有文、理、农、法四科

医学人才到河南工作,特别引荐自己在德国留学的同学到河大任教。1928年,先生由上海返回前线途中,罹患伤寒,病愈后,赴北京入职德国医院,成为北京德国医院的第一位中国医师,由于该院诊疗者多为达官贵人,鲜有工农大众就医,因此不愿在此久留。

北京的德国医院(该院位于东交民巷内)

为了培养中国自己的医生,1931 年,先生到保定的河北医学院任内科教授,他采用声像教学法,深获学生好评。为弥补教材缺乏之不足,他还熬夜编写了一部数十万字的内科学教科书。

人说冤家路窄,先生在德国哥廷根读博士的时候,由于接近进步人士,得罪了"青年党",结下了梁子,被同校的"青年党"教授迫害,差点儿被算了

"总账"。

　　1934 年夏,张静吾受聘为河南大学医学院院长兼内科学教授。回到阔别多年的母校,先生以全副精力投入河南大学的建设工作。扩充了附属医院门诊,使学生有了比较完备的实习场所;聘请教授、选送助教进修,在河大医学院初步建起了一支较强的师资队伍;1936 年,他亲赴南京,向中英庚子赔款委员会主管人请准补助费十五万大洋,购置了一批教学仪器和图书资料,建起可容纳 120 张病床的病房楼,使医学院初具规模,这期间也是医学院发展的黄金阶段之一。

河南大学医学院旧址

1936 年春教育部医学教育委员会在南京开会后合影(中排左一为张静吾教授)

1937 年，张静吾从河大医学院辞职，到上海同济大学任内科教授，兼任上海市中心医院内科主任。"八·一三"淞沪抗战，先生受命在上海筹办一所临时伤兵医院，以解重伤员救治之急。面对大型会战急剧增加的伤兵数量，目睹许多伤员得不到及时救治，先生心急如焚！他亲赴南京，面见时任军政部军医署张建署长。"战争期间军事第一，利用高校医学院的人才优势，承办军医院，以增强前线重伤员救治能力，同时，使医护人员的爱国热情亦有用武之地。"张建采纳了这个建议，以军政部之名义，全国组建了十二个重伤医院，并委任张静吾为第一重伤医院院长。由于先生无法马上离开上海，所以改为第五重伤医院，以支援抗日。同时，他还帮助母校河南大学医学院承办了军政部第十一重伤医院。

第五重伤医院院长、同济大
学医学院张静吾教授

1937 年 9 月，上海危急，张静吾教授率医护 100 余人到苏州胥口镇，一个月内收治伤兵 600 余人。随着战争形势发展，第五重伤医院又先后撤至江西吉安、广西、昆明等地。

在异常艰苦的条件下，先生带领全体医护人员坚守岗位，夜以继日，忘我工作，为抗日救亡贡献自己的力量，充分体现了同仇敌忾、救死扶伤的爱

吉安第五重伤医院旧址

国主义精神。同时,先生作为同济大学西迁的先行官,克服了难以想象的困难,为同济大学战时大迁徙做出了卓越的贡献。

1940年年初,张静吾教授受聘为贵州安顺陆军军医学校(国防医学院前身)内科主任教官,兼附属医院代理院长,全力救治官兵,培养前线急需的军医人才。

1943年,流亡迁徙的河大医学院办学中遇到了很多困难,受河南教育界吁请,张静吾教授应邀重回母校,再任国立河南大学教授、医学院院长。

抗战时期,张静吾教授在安顺军医学校(中排右二为张静吾教授)

欣闻老院长赴任,学校师生前出二十里夹道相迎。先生的到来,为战乱中坚持办学的广大师生带来了新的希望。

整顿教务,添置图书、器材,克服重重困难,陋室培育英才。防治常见病与传染病,服务地方群众,不间断医学教育与实践,为国家培养了一大批优秀的医学专家,胡佩兰先生、张效房先生,魏太星先生,这些深受大家爱戴的医学专家均是先生当时的学生。

河南大学潭头办学时期校本部及医学院所在地
(左:校本部所在地;右:医学院办学所在地)

天有不测风云,1944 年 5 月 15 日,日寇突袭潭头镇。时大雨滂沱,山洪陡发,未及撤离的河南大学师生四散逃避却无从安身。先生携妻吴芝蕙、侄张宏中等七人结伴而行。他两次被俘,冒死跳入深沟,幸而被树枝挡住,后被村民搭救,得以幸存;而妻吴芝蕙则被连刺数刀,不幸身亡于阳坡岭;侄张宏中被刺 4 刀死里逃生。

另外同行四人中,三人"宁死不受辱",一起投井自尽,一人挣脱绳索避入一空屋中侥幸逃脱。在这场空前的劫难中,河南大学死难师生及家属达 16 人,失踪 25 人。教室、实验室被洗劫一空,房屋被焚,图书典籍被付之一炬。

历经五年呕心沥血营造的深山学府,在日本侵略者的炮火下毁于一旦。先生痛心地说:"抗战中全国大学遭劫最甚者,莫过河南大学!"

幸存的师生在饥寒交迫中踏上了继续流亡之路,医学院先后迁移至荆紫关、汉中、宝鸡等地。在抗日战争高等院校内迁的记载中,河南大学是最早内迁的高校之一,也是迁徙次数最多的高校之一。

张静吾教授为失去妻子、学生而十分悲痛。"我突遭家破人亡之祸,痛

河南大学潭头惨案纪念碑(位于潭头镇石坷村看花岭)

苦心情实难描述。"但他还是坚持到荆紫关看望学生、赴宝鸡为河大医学院毕业班补课,直到日本投降。

抗战胜利后,1945年10月,医学院迁返开封,先生第三次被聘任为医学院院长。当时校园原址一片疮痍,教室、学生宿舍等均被日军拆毁,教学医疗设备在嵩县被日军抢劫一空。张静吾教授带领师生开展重整校园活动,清理废墟,争取经费。

英国科学家李约瑟曾来访,捐助100万美元。联合国救济署捐助300张病床的全套设备和X光机及部分药品。

学院还从华西大学医学院购回一批教材、挂图、标本等,经过多方努力,1946年春正式复课和开诊。先生以一种超常的精神力量,主持河南大学医学院。医学院聘请教授、副教授22人,建有病理、解剖、药理、细菌等学馆,附设高级助产学校、护士学校和附属医院,规模空前。

1948年6月7日,河南大学医学院南迁苏州,开始了漫漫的流浪办学,人心涣散,管理混乱,校长辞职,办学举步维艰。先生在师生推举下,参与"三人小组",以维持河大局面,将学校完整无缺地交给新中国政府。也曾有亲友、老同学等多次劝他到台湾,有关人士甚至已为张静吾教授买好了去台湾的机票,但他想到了医学院的师生、自己的医学教育事业、自己的祖国与故乡,他对国民党的反动腐败已有深刻认识,同时由于接触过进步人士,对共产党治理国家和发展教育有了信心,便拒绝赴台,毅然坚持留在苏州,

张静吾教授与河南大学医学院十四届毕业生合影（前排左四为
张静吾）

等待解放。

　　1949 年 6 月,张静吾教授与河大师生由苏州返回开封,被国务院总理周恩来任命为河南大学医学院附属医院院长。1950 年,为了延揽人才,张静吾教授日夜兼程,奔波于上海、南通等地,以虔诚、豁达的胸襟,影响、感化着一位位名家来河南工作,为河南大学医学院、农学院和理工专业的发展立下汗马功劳。

　　1952 年,全国高校调整,河南医学院独立建院,直属国家卫生部领导。1956 年,张静吾教授被国务院任命为河南医学院副院长,河南医学院随省府迁至郑州,张静吾教授负责筹建新校舍。

　　然而,在 1957 年的全国反右运动中,张静吾教授受到了不公正待遇,他被错划为右派。从此不再担任行政工作,而专心致力于河南医学院神经科的筹建和门诊工作。

　　“文化大革命”中又遭批斗和抄家,再次遭受迫害,从事体力劳动。但他没有被狂风暴雨击倒,从未消沉,他被剥夺了从事医学教育和管理的权力,可他还有一身的学问、过人的精力和热忱为民众服务的心。

　　在随后的日子里,他全身心投入了对神经病学的研究和临床治疗,开设了河南医学院神经科,著书立说。以他丰富的医学知识,继续为民众服务。从1974年开始,他主要从事医学翻译及编辑工作,译有神经科德文资料近百篇。

1978年10月,中共十一届三中全会后,先生获得平反,迎来了科学的春天;复任医学院副院长兼学报主编,并当选政协河南省委会常委,民盟河南省委会副主任委员和中华医学会河南分会常务理事等。

恢复职务后的他已年近八十高龄,他像久被压抑的火山,热力再一次爆发出来!老骥伏枥,志在千里;烈士暮年,壮心不已。先生参加编写医学院神经科第一部自编教材《临床神经病学》,翻译《临床神经病学基础》《神经内科学》《神经病学》等书。

先生关心教育、关爱下一代,先生九十寿辰时,河南医科大学为先生举行了庆祝活动,先生即刻把生日蛋糕等转赠给幼儿园的小朋友们,可亲!可爱!

九十岁高龄后,先生还撰写了许多改进医学教育的长篇建议等,为医学教育质量的提高建言献策,多次为医学生做报告,指导学生"如何学好专业知识""怎样才能成为一名合格医生"。读书看报一直坚持到生命的最后时光。

张静吾教授1988年参加河南医科大学60周年校庆活动
(前排右八为张静吾)

张静吾先生游览北戴河

1998 年 8 月 14 日,张静吾先生病逝,享年 98 岁。

先生的一生跌宕起伏、充满沧桑,但始终满怀爱国之情,关爱学校师生,致力于医学教育和河南医学院的发展壮大鞠躬尽瘁,为河南省医学教育和医疗卫生事业的发展做出了重大贡献。

先生的一生,是求知奋斗的一生,是爱国的一生,是鞠躬尽瘁的一生。

智山慧海传真火,愿随前薪作后薪。

谨以此文纪念张静吾先生 120 周年诞辰!

张静吾在贵州安顺军医学校

——摘自张丽安著《张建与军医学校》

学校在迁至安顺之初，便暂时先在东门坡下租借一祠堂，设立门诊部，为民众及军人治病，只收药费。当时安顺还没有挂牌的正式西医，美国教会医院虽有一美国医生，由于语言不通，终嫌不便；南门内有一天主堂诊所，由修士问病发药，其效果可想而知。因此学校门诊部开设不久，便形拥挤现象。幸好不久，第十二重伤医院已由桂林迁至安顺，学校立刻给以补充各种临床教学及技术人员，又添加各种医药器材，并分别担负医疗作业。如此一来，真是每日门庭若市，可惜院址是靠近东门坡孔庙的一所庙宇，当时已收容有七八十名伤兵，由于院舍欠佳，又恐军民混杂，不便收容民众。因此之故，兴建一较高水平的教学医院，便成为父亲日日筹划、夜夜思索的一桩心事了。

兴建医院最大的困难就是经费问题。1940 年 11 月，学校举办了 38 周年校庆（详情请参阅《校庆》），首次向外开放，各系实验室、教室皆有教学展览与陈列，教学医院与门诊部亦开放两日，供安顺地方官员、富豪绅士、民众、学生参观，宾客络绎不绝，甚至有远自贵阳前来的学者专家，大家始知安顺这小城市，竟藏有一所优秀的医学学府。同时校庆又安排文艺晚会，演出轰动，更使学校声誉远播，加以学校迁至安顺不到两年，在安顺民众生活中，已产生许多正面的影响，因此不久，当学校邀请安顺县的县长、地方上的各大士绅和有名望而乐于公益慈善者如黄尧丞老先生等人，共同商议兴建医院及建院之宗旨：

（1）为给学生实习，以提高临床医学教育之水准。

（2）为地方民众提供医疗服务，造福百姓。

只因经费难措，请大家给予协助，结果得到众人一致赞助。于是建筑费用全由地方筹捐，恰巧那时著名的内科专家张静吾到校任内科主任兼附属医院院长，他精明能干，不独对建筑医院之事颇有经验，且与黄尧老在北平时是世交关系，因此兴建医院之事，进行得非常顺利。

孔庙虽然破旧，但大殿两旁及前面空地甚大，足够建筑之用。于是，在大殿前，建筑了竖列的两排病房，各可容30张病床，特别病房每人一间，普通病房两人一间；大殿中央前面，筑一过道房，一边为药局，一边为挂号及事务室。大殿仍然保留至圣先师的牌位，但用作后期教室，因为上课时经常需要用到病人作为示范。

大殿前后尚留空地不少，其西北角有两个小院，大概是县学原址，即作为医院办公室及医生休息室之地；在北边病房之后，便建了手术室、消毒器材室及更衣室。以上建筑费用都由地方筹捐款项所支付。后来学校增设专科部，学员生人数剧增，内外两科常有四班，学员生合班上课，所以又在手术室后建了一个阶梯教室，此教室建筑费用较多，由学校自己负担。接着又在孔庙斜对面租用了两幢民间空屋，修建为护理班的教室及宿舍。安顺城里没有山，而医院（孔庙）是建立在城外的山坡上，由山坡脚延伸到城内，有四五尺宽的山径，铺有石板，是上下进出医院的唯一通道，因此学生从学校到医院，必须是由北门进城，来到东门坡的山脚，再上石阶山径来到医院。

1942年，学校在医院旁边的坡上，建立一栋两层楼的仪器及有机试药场所，皆非国内工业所能生产，且学校有计划要增设研究所，尤其是药品制造研究所需要的药材原料及仪器设备甚多，乃特呈准专款，于1939年冬，派药科主任张鹏翀，冒着生命危险，化装潜入沦陷地区（上海、港九一带），搜购大批图书、仪器、试药，计20大箱。两个月后，器材运达浙江海门，当时日寇军船云集海门港外，正进犯温州，其时教育副官吴祥明正在金华招生，即饬令协助抢运，就在农历年除夕，于炮火声中，将大批器材赶运至金华，后再辗转运抵安顺。从此，教学设备、药物原料更为充实。

抗战期间大后方,各大学院校之实验器材十分缺乏,尤以从沿海各省市迁来内地的,人员能大部分到达目的地已属难得,装箱搬运的教育器材,常有一路逃难一路丢弃的情形。军医学校却在父亲周详的计划之下,非但仪器药物毫无破损,全部完好无缺地运达安顺,后来还有人发现,连办公桌上的玻璃板都搬来了!设备仪器之充实与完备,常令来自外校的参观者啧啧称奇,惊叹不已!

记得有一次邀请到中山大学医学院的著名病理系教授梁伯强来校讲学时,梁教授看到学生实验室的仪器,充满了羡慕之情而感慨地说:"我们学校整个病理系才搬出十几台显微镜,而你们一间实验室就是几十台显微镜。"

至于药科的设备、仪器及药物之完备,那是更不用说了,请参阅《药科》吧!

由于父亲锲而不舍地为军医事业努力奔走,故在当时国内高等医药院校中,军医学校的师资与教学阵容也是相当强大,教学设备与仪器亦非常齐全,录取的学生素质很高,而又能得到完整而严格的训练。自然,毕业生的素质与表现,都很优秀。各大专院校常来学校观摩,教育部亦派员实地考察,到了1940年,终于承认:凡是军医学校的毕业生,持有毕业文凭者,即可向卫生署申请"医师证

书"或"药师证书",也就是说,无论在军队或地方均可工作或开业。要知道在这以前,军医学校一直不为当时的医学界所肯定。这真是军医史上的一个突破。

教师阵容 优秀整齐
破除派系观念 诚恳聘请良师

过去国内医学界分英美派和德日派,两派之间真是泾渭分明。例如某个医疗机构的领导人是英美派的,其属下所用的人必然都是英美派的,这是长久以来历史上所形成的惯例。军医学校在父亲接任以前,校长刘瑞恒是英美派的,因此所有任用的教师亦都是英美派的,也就是说都是从英美派的

医学院校毕业的,如当时著名的医学院有北京的协和医学院、长沙的湘雅医学院、成都的华西大学医学

院、上海医学院等,都是属英美派的;德日派的在当时有北平大学医学院、上海同济大学医学院及广州中山大学医学院等。父亲是留德的,自然是德日派,可是他聘请教授从不考虑派系,只要有真才实学,凡是教学方面需要的人才,英美派也好,德日派也好,他都以诚恳热情的态度邀请他们加入学校阵容。最明显的例子就是1937年他到南京接任中央军医学校时,并没有更换一个教职员,不久学

校预备南迁广州时,教务人员除了一位因私事无法同行外,其他教官都愿意跟随父亲南下,甚至到达安顺后,还一直共事到抗战胜利,复员上海。当时在安顺,如李振翩(细菌学)、万昕(生化学)、郁康华(生物学)、陈伯康(组织胚胎学)等国内知名教授,都是留美的,他们在校工作丝毫不感到有派别的压力,自然会心情舒畅地专心教学。父亲深知德日派的教学制度有某方面的弱点,英美派的教学制度有某方面的优点,取其长补其短,鼓励教授充分发挥其学识才能,以使学生学到最先进、最丰富的知识与技术。

为了提高教学师资,以能培养技术精湛的"新军医",父亲想尽办法,延揽各方有名教授专家来校任教。战乱期间,不少学者专家因学校搬迁或解散,暂无住处,父亲抓紧机会,利用各种渠道,或通过其亲友、同事的关系去邀请;必要时甚至放下身边要事,亲自前去恳请,以表诚意。例如:那时国内有名的耳鼻喉科专家陈世彬博士原在昆明工作,某次闻悉他有离开昆明的意图,便立刻请一位和陈相熟的教授,不远千里去昆明,面商邀请前来安顺工作。陈欣然接受聘请,后担任耳鼻喉科主任,并兼附属医院院长。任职一年后,又想到其他大城市去发展,父亲并不勉强挽留,让他离去,做到去留自由,绝不给以压力。后来学校开办牙科时,师资更行欠缺,父亲曾派当时的牙科主任远道赴成都、重庆等地聘请教师。因开办牙科的特殊需要,虽对方学历较浅,不惜以较高的待遇,争取他们来校工作,以解决教学上的需要。所有聘请前来工作的教学人员,学校都为他们安排住屋,借用家具,使他们生活能很快安定下来,为做好教学工作而努力。

病理学系主任孔锡鲲教授是留德博士,他是国际闻名的病理学家阿守夫的得意门生之一,学成回国后,受到各大医学院校的高薪争聘未去,最后来到军医学校。医专三期的徐志崧同学在80年代回安徽时,曾去拜望当时在安徽医学院执教的高龄老教授。孔教授非常热诚地招待他,闲谈中讲到父亲时,孔教授说:"当年教育长三顾茅庐,恭身下仕,我深受感动,特别是教育长事业心重,没有私心,并能以身作则,联系国内外知名学者,一心一意为办好教育工作而努力,这在当时社会上是很少见的。"孔教授对父亲的评价是相当高的,这也是他愿意到军医学校任教的主要原因。

治学开放民主 团结专家学者

学校在安顺安顿下来后,其编制亦随着各科、系、研究所的增加以及实际需要而扩大,除教务处外,另设总务处,处长倪世璜(广东公医学校毕业)。政治部以部派张丰胄(复旦大学毕业)为主任,辖有政治教官五六人,教授政治课程并考察学员生思想。总队部,总队长姚步烈(军校八期毕业),辖有入伍生队、学生大队及学员队,担负学院生军事教育及军事生活管教之责。其中以教务处之工作最为繁重,因该处直辖医科、药科、牙科、护理科及专科部之教育,虽然附属医院及三个研究所,皆直隶于教育长,然亦受教务处之指导。学校的学员生经常有一千数百人,教务人员包括主任教官、教官、副教官、助教及佐理员,计有三百余人,且有一教育副官室,人数亦有二十人。教务处主要工作为招收新生、编排课程及检讨学员生成绩。较大的问题,如学员生降级及开除之规定,新设专科部课程之编订,学生奉令提前毕业,缩短课程之研究及学校校政之变更,则需经教务会议或校务会议通过决定之。

当时,学校之中坚分子,有"五虎大将"之称号者如教务处处长于少卿、附属医院院长张静吾、药品制造研究所所长张鹏翀、血清疫苗制造研究所所长李振翩及陆军营养研究所所长万昕,另有数位主任教官号称为炮手者如:葛昕(生物化学系)、邢文嵘(药理系)、张锡泽(牙科)、陈任(眼科),这些人确属专家,性格较强,凡事说一不二,很难说服。在会议中,有时为有关课业之变更,或为坚持某方面的意见,与会者常常争辩得面红耳赤,炮手们更是连珠炮响,有声有色,事事说得莫不头头是道,炮无虚发。由于争论者都是为了学生及军校的前途着想,大家秉持着坦诚无私的态度,会议以民主的方式进行,尽管过程轰轰烈烈,最后终能达成共识。这种士气高昂、雄才辩论的豪情,过后经常成为父亲在他晚年的回忆中,引以为荣,津津乐道的往事。父亲在台湾过70诞辰时,他的学生子弟在台北统一饭店为他祝寿,在席间演讲,父亲再次提起这一段往事:

"在安顺时,我虽然以教育长的身份去主持军医学校,我却把学校当作一个大家庭,我以大哥哥的身份督促小弟弟们努力学习,要为家庭争气,故管教当然要严格。可是学校虽然是军事学校,一切行政校务的决策,是通过公开而民主的方式,经由教官们共同讨论决定的。记得在教务会议上,就常常听到教官攻击学校行政方面的事务,而力求改革的。当时教官中一致认为万昕先生为会议中的大炮,张静吾先生和张锡泽教官为小钢炮,有话必说,但所说多是中肯之言。记得有一位刚从辎重兵学校调来的上校政治教官李教官,第一次参加校务会议时,他非常惊讶地发现,一间军事学校的会议中,教官的发言竟然如此放肆,而主持会议的主管竟也如此处之泰然,实在令人不敢相信。不过他后来也认为,军医学校当时在外面已很有名气,想来其原因必就在此。我现在再说一件有关会议的事,陈尚球先生陈副院长(这时是国防医学院副院长)今天也在座,大概还记得。有一次学校开行政会议,我照例是主席,那次我也许说话说多了一点,陈副院长当时是生化系的教官,而生化系的主任教官是万昕先生,他便站起来说:'教育长,你不能说太多,应该让大家来说。'我立刻就不说了,并请大家发言。也从那时起,我常常警惕自己,主持会议时自己尽量要少说话,要多让别人发表意见,多听取大家的需求,才能把事情办得更好。我那时身穿军服,在学员生面前,看起来很威严的样子,其实我对人是很温和的,处理事情一向很民主的。因为学校要公开,要民主,才会进步。"

临床教学素描

建立在安顺东门坡上的附属医院,分设门诊和病房两大部分。门诊设有内科、外科、小儿科、妇产科、眼科、耳鼻咽喉科、牙科、皮肤花柳科、传染病科等,另有X光科及化验室、药局等,每日病人很多,病房有病床100张左右,医院除了为民众提供医疗服务外,主要是学生临床实习之教学场所。医院各科任教的教官都是优秀的专家学者,当时国内最有名的内科专家有"南杨北张"之称的杨济时和张静吾两位教授,也都先后在内科担任过主任教官,尤以张静吾还兼任附属医院院长。医科后期的临床医学课程,大部分都在附属医院上课,因此高年级的同学,每天早上必须从北门的校本部步行到东门坡的医院来上课。学校后来曾设专科部,学员生剧增,内外两科常有四班,在医院手术室后面,便加建了一间阶梯教室,给学员生合班上课。当时学员生多,教官素质虽高,显然人手不够,但是教官们都能巧妙地运用各种方法,使教学达到事半功倍的成效。例如:内科各系统疾病的教学是采取上、下两个年级合班上课,但并不是全过程都是相同的两个年级。譬如学生依学历分高、中、初三个年级,全部课程的时间分为前、后两段,前半段时期由高、中两个年级一起在阶梯教室上课,每堂课都是先进行病例示教,临时指定高年级的两个学生做病例检查,提出自己的见解,然后由内科主任张静吾教授结合病例分析,进行讲课,他的讲解,启发性强,内容紧凑精练,学生听课后,印象深刻,很快就能掌握贯穿整堂课的主线,对培养学生良好的临床思维帮助很大。到了后半段时期,高年级离开,改由中、初两个年级一起上课,如此类推。这种上课方式效果非常好,就是教师对课题的轮回安排,要多费点时间做精细的计划。

附属医院成立之初,各科主任教官多为留德学者,如内科张静吾,外科先由于少卿处长兼任,后由梁舒文、阮尚丞、朱裕璧,皮肤科高祀瑛,眼科陈任,耳鼻喉科张逎华等,均为留德学者,故教学及医院管理,亦多仿德式,其对各科助教之训练方法与留美医师主持之医院差别很大,其组织系统为:主任—主治医师—住院医师—助理住院医师;而留美医师主持之医院制度,简称为住院总医师制,对于年轻医师之训练及培养,优点较多。父亲有鉴于此,为有效而迅速培养师资,决心改革,于是特别聘请本校医科 24 期之同学如陈廷钢及郑宝琦两位医师返校,任医院内科、外科教官,负责主持内、外科总医师制之训练工作。陈、郑两位教官,均在抗战前的南京中央医院体制内,受过严格的指导与训练,故对工作驾轻就熟,成效斐然。特别是外科助教受惠更多,因郑教官不但学术基础良好,外科技术精湛,而且对助教们的指导细心,态度和蔼,但要求严格,每个小动作都不忽视而求"精""准"。尤其外科住院总医师为期一年,兼理科内医疗事务之处理,密集地给予手术机会,使助教医师训练一年以后,就有独当一面之能力。此实为父亲不顾一切困难,推行革新,加以医院内各科主任亦很愿意配合父亲之苦心而协助之,学校的临床教学工作因而进行顺利,成绩卓越。

医院的教官们,才识兼备,个个教学都非常认真,如孙生桂教官,他是河北医学院毕业,再到日本千业医学院深造的,他讲的腹膜炎和疝气等课程,材料丰富、系统而深入,教学生从事外科时,是手把手教学生做手术的,他做手术,层次分明,干净利落。外科和病理学家朱裕璧教授讲外科时结合病理讲解,条理分明,易于理解和记忆,很受学生欢迎。由于学校不断扩充,有时也必须由外地聘请教师兼课,如最先妇产科由安顺卫生院翟院长兼任,骨科由贵阳图云关骨科医院请来屠开元教授兼任。屠教授喜爱踢足球,每次由图云关来校教课后,总和学校球队一块儿踢一场足球。骨科课程给患者上石膏绷带时,需要体力好的同学当助手牵引患肢。屠教授与同学踢过足球,知道某些同学体力好,便选好体力的同学帮他牵引大腿,屠教授在课外休息时间说说笑笑,非常随和,师生关系十分融洽。

学校所授的医科课程,虽有偏重军队特殊体质的,如战地外科(即军队外科)、军队卫生、卫生勤务,但学生所学的科目则和国内其他各医学院校一样,即使是妇产科的课程也不例外。可是那时学生在妇产科实习上就遇到了困难,因当时安顺大部分县民,仍习惯于雇请产婆到家里用土法接生,县卫生院虽有助产士上门接生,但也是由于刚实施不久,威信还不高。然而产科的接生实习至为重要,不能缺少,为此父亲特别与县卫生院商讨,订出合作的办法,即学校每半个月派两位产科实习学生,住进卫生院内,与该院助产士一同外出接生,每个学生规定要接产三至五个胎儿,并在助产士的指导下,参与产前产后的家庭访视。如此还不能完全解决问题,由于当时县民的思想还相当守旧,对男士们接生尤为反感,不受欢迎,甚至抗拒,每次同去接生的同学,经过助产士一番唇舌之后,能得到产妇家人接纳已是不易,有些人家坚持在生产时,不准男士进入室内,场面经常弄得十分难堪。有一次,安顺城内大街一布店老板的姨太太生产,同去的同学亦照例被拒门外,该产妇身体瘦弱,又为初产,产程较长,因体力虚弱濒临虚脱,情况十分危急,家人焦急万分,后经同学与助产士合力进行紧急抢救,给产妇注射大量葡萄糖,导尿,喂给产妇鸡蛋糖水等增加产妇的体力后,再给以注射催生针,很快产妇即转危为安,并顺利产下一男婴,母子平安。全家人均甚为高兴,感激不已,消息立刻传出,不及数日已传遍整个县城,均谓"军医学校男医生接生真是好",从此才改变了当地县民的态度,学生在产科实习方面,才算解决了一个大难题。

到医院临床实习之初,同学们虽然已经学了几年的基础与临床课程,具备足够的医药知识,基础理论也比较扎实,可是在病房里还得向护士求教。有位孙姓护士长特别严厉,不但护士怕她,连医生都怕她,背地里都叫她作孙二娘,把她比作《水浒传》里开黑店的那位一丈青"孙二娘"。后来,同学们发现她不论是注射或是换药,都那么细心熟练,一丝不苟,才体会到她对工作认真负责的态度与敬业的精神,不禁令人肃然起敬。以后也不再叫她绰号了,从她那儿学到了许多书本上学不到的知识,同学们对孙护士长是很尊敬的。

在医院实习时,教官对同学的要求非常严格,内科临床听诊实习时,连很轻微的"啰"音都不能放过,稍有疏忽就得重新检查一遍。外科临床更是严格,医科29期的韩冠瀛一辈子都不会忘记的是:"有一次为一个骨折病人打石膏绷带后,第三天病人要下地试一试,我检查病房时就默许了,恰巧于少卿教务长来到病房,见到后便严厉地批评我,并向我问道:'你是否详细看过病人的病历,知道骨折线有多长,敢让他在开刀后第三天下地?'当着全病房的病人,那么严厉地批评,真使我满脸通红,无地自容。不过从那次以后,我对所有的病人,都非常小心谨慎。一直到工作岗位还格外小心,很少犯医疗上的错误。这些不得不归功于当时各位教官严格和认真的教导。"

医院的管理非常严格认真,张静吾院长不定期查房,严谨的作风,使全院的职工,不论是病房医生、实习医生、护士长、护士、护生及工作人员,都认真地将本职工作做好,随时准备院长提问及检查。于少卿教务长经常到外科病房查房及与同学、护士谈话。各科主任教官查房亦非常认真,实习生在助教的指导下,都能独立管理若干病床,并能独立完成所管病人的实验诊断检查项目。病房建筑虽较简陋,但一套正规的训练,使学生打下良好的基础。父亲常到医院巡视,医专七期的黄奇学长还记得:"当年我在附属医院实习的那段时间,常看到教育长在晚上 10 点钟、11 点钟,还全套戎装,风尘仆仆地赶到医院,巡视全院学生学习情形,并到每间病房慰问伤患病人,令病人及家属非常高兴及感激。"因此,高级护士训练班的郝敏庄女士回忆道:"附属医院的工作深得安顺及邻近老百姓的信任,他们说:'幸亏是抗战,你们军医学校才到安顺来,有了你们医院的医生给我们治病,我们再也不必担心了。'军医学校及附属医院所取得的成就在群众中享有的威望,体现了张教育长治校治院的卓越成就。"

摘自张建之女张丽安著《张建于军医学校》
2000 年香港天地图书出版

走近张静吾教授

——忆河南医学院学习岁月

李光辉①

1977 年考上大学,学习的热情似那火山喷发,黄河水出壶口!大学的老师们也都精神抖擞,个个容光焕发。

河南医学院四大讲师魏太星教授最是突出,每堂课讲的活灵活现,妙趣横生。把深奥的医学科学化为春风吹入学生干渴的心田。

学生们为能听到大师的课堂演绎兴奋若狂!名师出高徒啊。

大师云集,倾力教诲,文化繁荣,斯时为盛。

一日魏教授听闻学生盛赞他学识渊博,讲课深入浅出,活灵活现,魏教授谦虚地说,我是受到张静吾老师的教诲,才有感悟的,他是教授的教授,真正的大师!

这下引起同学们的兴趣,纷纷求问张静吾是谁?有知者说,张静吾是河医大右派,现在还不知道押在哪哩!

同学面面相觑,至此收嘴,安心学习。

1982 年毕业典礼上照毕业照,我站在最后一排右一,正听老师发话:向前看,准备……但见校长刘序宜右手拉一老者急急入一排中间就位,照相停了下来,老者身材高大,站中间一排,挡住了二排人脸,刘校长亲为安排,照

---

① 河南医学院 77 级毕业生,1985 年于河医进修心脏外科,师从吴国桢教授。1999 年在美国获医学博士学位,现在美国俄亥俄州做麻醉医生,美国医学学会会员,美国麻醉协会会员。

147

相遂成。我不知此老者何人,没教过我们课,为何站一排的中间如此重要的位置?我问旁边同学寿马铁,他亦不知,搁起。

时光流到 1985 年,我被选派跟随心脏外科吴国帧教授学习。一天大舅毋信喜突然来河医找我,说领我见一个亲戚,我纳闷从没有听过有亲戚在郑州,哪来的亲戚?

见我疑惑,大舅说:走吧! 见了就知道了!

大表舅也不解释,只顾疾走,他一米八几的大个子,我得小跑才能追上。

穿过金水河,到了一家门前,细细敲门,一位白发高个老者开了门。"义亭(毋信喜,字义亭)来了? 快进来!"

进了门,见一齐耳短发女士,"快叫姨! 光辉!"大舅对我说。

我愣了一会,回过神来方喊声:"姨! 你好!"她亦不解,问我大舅,这是谁? 大舅说他是喜莲家的孩子,是外甥!

又转向老者,"这是你姨父,叫姨父!"欢喜之情溢于言表。

大舅给姨及姨父说:"这是光辉,河医 77 级的学生,现在咱河医附院进修。"

此时,我才惊喜地知道,老者张静吾就是教授的教授,大师的大师,而且是我家亲戚!

我姨是河医儿科教授毋爱荣。

医学泰斗、白发老者,竟然有如此医界口碑,令我尊敬之心油然升起。

从此,我时常到姨家看访,姨对我极好,关怀备至,亲情洋溢。

此后一年,我多次访问姨家,与姨夫张静吾和姨母毋爱荣有了家族中少有的交流。

姨父谈起年轻时体弱多病,倍感求医不易,因而立志学医来解除人世间的病痛。求学到开封,到日本,后又选择当时医学最发达的德国,并于 1926 年获得医学博士学位。作为仅 26 岁的学子,又以一个外国人在德国精英之中拔得头筹,没有勤奋学习、聪明智慧、坚忍不拔之精神,是不能实现的。我经数十年之努力方拿到美国医学博士,深感其中之艰辛。

姨父讲起当年参加博士答辩的情景,仍记忆犹新。当导师舒尔茨

（Shultz）提问他，有一对夫妇皆患梅毒，丈夫是肢体麻醉，痴呆；妻子为脊椎痨，是丈夫传染给妻子还是妻子传染给丈夫？姨父当即答道："是丈夫传染给妻子。"他的分析使导师十分满意。姨父对我说，大医精诚，必须经过认真学习，全面总结，对疾病有整体的认识，才能做出正确诊断和正确治疗。人命关天，宁肯不吃这碗饭，也不能做糊弄人的庸医。姨父对学习的认真及后来教学的严谨，是一脉相承的。

姨父毕业后回到了缺医少药的祖国。国内的医疗现状使他萌发了办医学教育的愿望。他身体力行，八方游说，广招人才，终于创办了河南大学医学院，时为1928年，之后若干年成为当时的全国医学院名校。姨父说，请教师就要请最好的，名师出高徒嘛！用他的话说："现在学习到真东西，将来做了医生才少出冤案，对得起百姓。"姨父常以"大医习业"勉励自己。

对姨夫的进一步了解，是在我出国之后，在看了表姐张宏锦于香港出版的《九十年沧桑》之后。

回想起见到姨夫的时候，他的言谈举止，每每使我受到教育，并激发我奋斗不息，百折不挠的意志。有几个小事，记忆深刻，不敢专有，写出来与大家分享。

一天，我到姨父家问起为什么以前我不知道您在医学院呢？我姨笑着说："以前我家是大右派，怕株连九族，亲戚都不敢来往了。你不知道好，若知道怕是你学都不能上了。"

有次去看姨，姨张罗着做饭，我在家里看看，看见东壁上有一个放大照片，一群人坐三排，其中有一人像是朱德。就问我姨："这是朱德么？"姨答："是。这是你姨父在德国留学时与同学一起照的。"

与朱德同学！闻所未闻！

这时姨父从南窗下书桌上回过头来说："德国留学与朱德熟悉，是好朋友。"这张照片原照已赠予并存放于中国国家博物馆。

我注意到，每次到姨家，姨父总是坐在那里伏案工作，问他干啥哩？他说："我这20多年没看外文文献了，现在看到我们在不少地方已经落后了。我想要翻译100部最新外文资料，引领学生接触世界最新知识及动向，以提高我国的医疗水平!"

1985年姨父已85岁矣!有此壮志豪情,令我起敬!曹孟德有言:老骥伏枥,志在千里!姨父以行践诺,何其大哉!

姨父健谈,思维敏捷。说及德国留学,60余年前事历历在目,如在眼前。"我博士答辩一次通过,在哥廷根大学引起轰动。一是首次答辩通过者少,二是中国人博士答辩者少,三是本次答辩导师个个以古怪刁钻著称。"

"同学们在我通过后开了个庆祝会。好友多来了,朱德、孙炳文也来了。朱德举啤酒庆祝,说我是少年才俊,中国俊才!我一一回复。没想到朱德在新中国成立后做了总司令,还记得起我这个小同学,派人来看我!"

往事如烟,如梦如幻。

一日,说起回国后在北京德国医院当医生。德国医院位于东交民巷,病人都是有钱人,挂个号都得几块大洋。普通百姓是看不起病的。虽然月薪200大洋,他还是离开德国医院,到河北从事医学教育。

"1927年我回乡探亲,所到之处,依旧贫困。河南没有西医学校,只有几个教会诊所,且多无正牌医生坐诊。我家亲戚在河南掌权,我建言在河南设立西医学校,他就介绍我去见河南大学凌校长。"

姨父健谈,说话幽默风趣,提起一些趣事,不显山不显水地说到妙处,而回味儿深远。说到1927年到河南大学见凌校长。"我拿着二指宽的条子,一路顺利,相见时他说,你这张条子管用,是省主席开的么!官大一级压死人。谈及建立西医学院的紧要性,凌校长说他也想办,就是没有钱,我说多想想办法,多找人,可能就会找来钱了,回来给亲戚一说,他说这得给!要办医学院!后来还是省主席(刘茂恩)亲批,钱才有了。"

"1928年在河南大学建立了医科,并请熊庆来教授临时照管。"

"我因走不开,就写信给我同学好友阎仲彝,请他来河南大学医学院负责医科(1930年正式为河南大学医学院院长)。他是我河南留学欧美预科学校德文班同学,同在哥廷根大学医学院,他学外科,我学内科。我先毕业回国,他两年后毕业亦回国。"姨父一生为河医出力出智最多,河南西医教育因他而发生发展光大。

医学重要，人命关天嘛。古人有说黄金有价，药无价。一定要做个好医生。

他说，"好医生首先是个正派人，然后是医术，医学知识与技术。我们河医培养学生就是要做一个好医生，绝不做庸医"。

说起他的学生们，姨父很高兴，不断说出名字来。"印象深刻的是一位韩姓同学（韩诚信，河医某届毕业生），在校学习成绩好，毕业多年后从美国回学校，给学校交流新知识与技术，老师引以为傲。还有魏太星、张效房两位同学，每年7月份我的生日他俩都记着，为我祝寿；再有丁宝泉，他可是个大才啊！文武全才，当过河医的教务长！"

姨父一生，经历过大风大浪，历险无数。最让他记忆深刻的有两次。一次是1937年"八一三"中日淞沪之战，战事凶险，尸积如山。姨父任同济医学院附属之第五重伤医院院长，日夜抢救伤员。

"因淞沪战败，医院撤退，一路上危险重重。最后辗转到了昆明，在翠湖边办同济医学院实习医院。在昆明行医教学，也结识了很多医界同仁。云南名医秦光鸿非常友好，相互扶持帮助，印象深刻。"

"再次是在1944年5月16日，嵩县潭头，经历了河南大学潭头惨案。"

"是日，日寇压境。河大领导无序混乱，造成16位河大人员被日寇杀害。我与前妻及侄儿被日寇抓住，绳捆索绑。日寇在旁窥伺说要杀了我们，其不知我懂日语，我说我们是医生，放我们走。日寇兵晃晃刺刀吓唬我们。我告诉同仁，大家找机会跑吧！日寇兵要杀咱们！在被押解走在山梁子上的时候，我瞅机会跳入深沟，日寇兵鸣了几枪，就走了，我因之逃生。"

"而我前妻与侄儿及其他几位同学，则被害于此。我侄子颈部被日寇兵刺刀扎穿，昏死过去，被老乡救下，得以不死。"

"这两次是我一生中最危险的时刻！其他风波，不在话下。"

我姨在旁插话说："文革红卫兵造反派抓你，不算么？"姨父说："他们都是小毛孩，恶不过日寇兵，再说他们也没有那个弹（胆）子。"

姨父说："遇事要多想办法，动脑筋，用对人，事情就能办下去，办好。"

做事靠人，要会用人。人才放在那里不用，是最大的浪费。

一次，爱荣姨留我吃饭，起先我不好意思，因当时粮票紧张，我值青年，吃得多，同时事先没有准备。姨及姨父热情地说："坐吧，家常菜，随意随意。"坐下后见一碟花生，一碟豆腐丝，两碟青菜。姨说："不知你来，改天包饺子吃。"饭间，我姨给姨父斟满了一杯酒，我喝酒脸红，不能喝。姨说："你姨父就好喝这个红果酒，就是山楂酒，辉县出的，喝了几十年了。"姨父说："红果酒好啊，活血化瘀，降低胆固醇。"我想姨父身体好，一定与此酒有关联。

姨父说，生活简单快乐就好，关键是要把事情做好，做医生的就是要把病人治好。好医生才能做到。所以我们学校就是要培养出好医生。

姨父一生经历了很多艰难困苦，何止八千里路云和月，他的乐观开朗刚强执着的性格和百折不挠自强不息的品质，是他能够战胜困难，笑到最后的原因，也是我们后辈医生的楷模。

大学者，是因为有大师而为大学。姨父张院长就是这样的大师。教学明察秋毫，分析细致入微，鉴别诊断依据精到。他说，教学就是要教会学生如何看病，如何减少错误，如何治疗。要教学生去认识疾病发生发展变化的过程，病人看病时候只是其中一段。鉴别诊断清楚了，才能对症下药，才能成为一个好医生。

名师出高徒。姨父学生中名医众多，显现桃李天下不言，下自成蹊求医者众。

姨父说过，学不在多，在于精，在于学到学习方法。举一反三，融会贯通。同时注意学习外国进展，学会了要为国人服务。记得他还对我说过，将来有机会一定要出去看看，学习外国先进技术知识，并一定多回学校交流，提高学校的医疗水平，造福人民。

姨父生于1900年，逝世于1998年，一生经历了清朝，民国，中华人民共和国，经历了战乱及多次运动的历练，仍能保持身心健康思维敏捷，他的养生之道亦是我的好奇所在。姨父说做人首先要正直，不存邪念。要心胸博大，凡事想得开。饮食上要有节律，不挑食。记得有一次与姨父一起就餐，他饶有兴致地告诉我："何以解忧,唯有长生果(花生)。"尤其使我印象深刻的是,他每餐必喝一杯红果酒(山楂酒),还特意介绍要辉县出的,便宜又好,长饮之有益于血管系统。

拳拳赤子之心,殷殷爱校期盼。姨父张院长用九十八年诠释了奉献一生给河医的壮举,虽然没有多少豪言壮语,他的行为是他内心的真实写照!他的博大胸怀,乐观向上自强的性格伴随了他一生。他的教育风范至今仍然在河医传承,这就是河医精神鼓舞学生们为民服务的重要所在。

一生为医,一生为民,张静吾院长一生历经千辛万苦,不被困难打败,百折不挠,为医学事业尽心尽力,是我们学生的楷模!

大哉张院长!大哉张老师!张院长对河南西医学的贡献巨大,他的办学精神必留青史,传承不朽!

我父亲心目中的张静吾老师

丁一凡[①]

　　正值《九十年沧桑》再版之际,我再次梳理了父亲丁宝泉[②]的自传、日记、履历及遗留下来的不同时期的思想汇报等文稿记录,曾多次不忍再读,泪流满面……从这一叠叠破旧不堪、纸质不同、墨迹各异的文稿中,我不仅更深层次地了解了我的父亲,又认识了另一位更伟大的传奇人物,我父亲的恩师——张静吾院长,通过父亲与他的老师张静吾院长一生的四段刻骨铭心的回忆,可以勾勒和映射出这一对师生之间不一般的亲密关系,从学生对老师的崇拜,老师对学生的信任及委托,老师的激励和指引到最后师生同命相连,患难与共。我把这一特殊的历史纪录下来,以此纪念我的父亲丁宝泉和他敬爱的恩师张静吾院长。

----

① 丁一凡,河南医学院 77 级毕业生。1985 年赴美,现就职于美国国家科学研究院癌症研究所〔National Institutes of Health(美国国立卫生研究院);National Cancer Institute(美国国家癌症研究所)〕。

② 丁宝泉,字涌涛,生于河南杞县(1916 年 2 月 27 日—1989 年 4 月 14 日),中国民主同盟盟员。1934 年毕业于河大附中后免试进入河大医学院。1937 年年底休学从军抗日,参加中央陆军军官学校教导总队任上尉军医,后升至中校军医兼野战医院院长。四年后复员回河大医学院续学。1944 年毕业于河南大学医学院第九期,后留校任教。随后又两次弃笔从戎抗日。1947 年年底到瑞士进修并在德国汉堡医学院获得医学博士学位。1951 年年初回国,曾历任河南医学院内科副教授,内科基础学教研室副主任及检验科主任。1957 年被划为右派撤销一切行政职务监督劳动。1979 年年初恢复名誉后晋升为内科主任医师与教授。1989 年 4 月因病逝世,直到患病住院的前一天,仍坚守在工作岗位上。

我父亲与张静吾院长的第一次相遇是在1934年年底的一天。父亲当时是河南大学医学院一年级的新生,作为班长他有很多机会接触到医学院的老师及学校的主要领导。偶尔的一次机会,父亲遇到河大医学院当时的院长张静吾先生。为了能更好地表现自己,父亲就直接用德语同院长交流,虽然不知道谈了些什么,但这次谈话使父亲兴奋激动了好几天。因他是河大附中的毕业生,入医学院之前已经学了三年多的德文,流利的德语交谈使得这次师生的沟通相当成功,同时也给老师留下了深刻的印象,这件事也成为我父亲医学生涯中最激动最高兴的事。他一直仰慕张静吾先生,在他的心目中老师就是他的榜样,他要走像张静吾先生一样的路。老师的谆谆教导:"要安心学习医学基础课,实实在在地完成后期临床实习,争取按时毕业,成为一名合格的医生。"这番话他永远记在心里。发奋努力学习早日成为一名合格的医生,成了父亲为之而奋斗的加速器。河大医学院的前三年就是在这种崇拜导师,完善自己的情况下度过的。

第二次见到张静吾先生应该是1944年抗日战争时期,河大医学院从开封迁至河南嵩县。当时父亲已在1937年年底休学参军抗日后重新回到河大医学院续学。那时候张静吾先生也刚从贵阳安顺军医学校再次返回河大医学院任院长。我父亲此时经过两年复学后的努力,顺利毕业于河大医学院九期,毕业后留校为内科医师兼河大医学院高级护校教员及教务长。当时日寇进犯中原,造成了河大校史上最悲惨的5·15潭头血案。张静吾先生的前妻惨遭日寇杀害,侄儿也被敌人刺成重伤。在河大医学院从嵩县转迁的过程中,张静吾先生虽然家遭不幸,但为了使河大医学院、附属医院及护校能顺利安全地转移,费尽了不少的心血。逃亡路线及转移医院的医疗器械、教学资料及其他重要物质已经成了当时最艰难的首要任务。张静吾老师委派了他能信赖的学生丁宝泉来负责运输这批医学院有关器材(见《九十年沧桑》)。他知道学生丁宝泉虽然留校不久,但值得信任。续学前在抗战的四年从军生涯,已经把这位年轻人锻炼成了一名合格出色的医生。虽然先生当时对转移河大医学院的医疗设备等物资极为担心,但他仍把这个艰巨的任务交给他信任并可以委托的学生,父亲也不辱使命完成了任务。

第三次的相遇是在三年后的1947年年底,那时候父亲已经是第二次从军(响应十万青年十万军的号召加入国民党青年军)复原回到河大医学院,一个月后又接到国民党军医署调令,到南京军医署工作。由于同时考取了留学瑞士进修生的名额,正值他赴西欧留学的前夕。当时张静吾先生也辞去了河大医学院院长的职务,专心在南京帮侄儿治疗被日寇刺伤的食管。在得知我父亲要到瑞士留学,河大医学院数届在南京的校友高宝谦、郑铢、王文华、雷崇英、朱秀玉等与张静吾老师相聚吃饭欢送我父亲出国。老师特此关照父亲,寥寥数语,启发和帮助了父亲,对其在瑞士苏伊士大学内科完成进修后,继续到西德汉堡医学院攻读医学博士学位,起到了关键的作用。"出国留学进修,能学到很多西方的先进思想与技术,但如有机会,还是要再多读读书,拿个学位回来,这样在今后的学术生涯中会有更大的帮助。到德国留学应该不是太难,从瑞士到西德。跨一步就到了。"这种似开玩笑而有趣的鼓励话,激励着父亲在苏伊士医学院完成内科进修后,再赴西德汉堡医学院完成了博士学位。虽然父亲的学校与张静吾先生1926年获得医学博士的学校哥廷根还相距数百公里,但这一对德国的医学博士师生最后带着他们共同的荣誉都返回到河南大学医学院,这个他们为之奋斗终生的母校。

最后一次竟是一种在政治因素影响下的共患难经历。1957年,老师与我的父亲同时被划为河南医学院的右派分子,当时他们被称为右派反党小集团的核心人物。原因是他们的那种密切师生关系,加上同是留德的博士。父亲出国前、出国后,张静吾先生对父亲的帮助与提携,被从政治原则上视为一群反党的小集团,而且还称这个集团有纲领和行政管理制度。他们还把我的父亲说成是先生的马前卒、排头兵。就是因为这种正常亲切的师生关系,使得两人成为河南医学界最有"名气"的两位极右分子,从此消失在河南医学院的讲台上,一直到1978年摘帽平反恢复名誉。虽然师生自从划成右派后仍留在河南医学院工作,但每天不间断地洗刷地板、打扫厕所、帮助门诊叫号的屈辱生活,使得这对留德医学博士师生艰辛地过着每一天。偶尔师生在河医金水河边相遇,也只能点个头,不敢有过多的接触与言论。

还记得"文化大革命"中，每次河医家属院大喇叭通知地富反坏右分子集合戴高帽游街时，张静吾先生总是走在前列，因为他是院长，右派分子中最大的头，而父亲紧随其后。老师那种高挑的身材与学生的赢弱体格总是显得格外的显眼。

历史奇特的四次相遇小故事，可以清楚地刻画出这对师生之间的密切关系。从早期父亲对恩师张静吾先生的膜拜与崇敬，继而得到老师的信任与重托，让我的父亲经历了从医学青年成为合格的医学人，懂得了如何成为成功的医生。后期父亲在先生的鼓励与指引下，不仅完成了瑞士留学进修，而且最后在西德获得医学博士，这也又一次验证了这种师生关系的重要内涵。更为感动的是为了坚持真相，在高压下父亲至死也没有承认那种莫须有的右派反党集团罪名，他们从来都没有组成攻击党的右派小集团。父亲是一个自尊自持、淡定从容、正直磊落的人。

母亲孙燕来美国定居之前，专门去看望了当时已住院的恩师张静吾先生，恩师欣慰地说，孩子很好，有出息了，嘱咐她好好在美国生活养老。

几十年过去了，尽管老河医的家属院平房、门诊和住院楼都已荡然无存，但这对德国医学博士师生的足迹却深深地留在了这片土地上。过去孩童的我也承载着父亲的期待，留学美国从事放射生物学与致癌机理的研究工作。在怀念父亲的恩师张静吾先生同时，也很想念自己的父亲，这一对师生今已作古，希望他们来世还能再做师生。

"世纪老人"话今昔

冯小霓　　屈　芳

　　他从本世纪初走来，经历了清末、民国的风风雨雨，成为新中国的大学校长。他——就是医学博士张静吾。国庆前夕我们走访了他——

　　从省会的茫茫人海中寻找几位"世纪老人"，实在是件不易的事。

　　国庆前夕，郑州市公安局治安处的同志们从电脑中认真查询，给我们整理出了一份长达四五米的"世纪老人"名单（其中男 14 人，女 36 人）。循着名单提供的详细地址，在河医大的一所幽静的小楼内，我们找到了 1900 年出生的张静吾老人。他不仅是省会健在的"世纪老人"中学历、学位最高的一位，也是其中唯一留学日本、德国，开眼看世界的老人。

　　秋日的余晖透过窗棂撒在张老的卧室里，端坐在窗前桌旁的张静吾老人，看上去澹然而平和。听完我们简短的自我介绍后，他点头微笑，表示欢迎。对于张老而言，95 年的风风雨雨，34000 多个日日夜夜，本身就是一部鸿篇巨制。我们以"'世纪老人'话今昔"为题开始了和张老的对话。

　　昔日留给老人的，是难以磨灭的屈辱、坎坷和灾难。

　　1919 年五四运动前后，年轻的张静吾东渡扶桑考入东京医专学医。入学体检那天，天空飘着细雨，张静吾和他的中国同学们在体检室外焦急地等候着。这时走出一位日本人，他藐视地看了这群中国人一眼，大声喝道："不许来回走动！"他的语气和神态深深地刺伤了张老的自尊，时隔 76 年，他仍然忘不了那一幕："他们的训斥完全是主人对下人的口气，而且处处歧视中国人,我受不了这种歧视。"在日本只待了一年,张老毅然回国了。

1922 年,他又留学德国,在哥廷根大学学临床医学。在那里,他结识了许多中国留学生,其中包括朱德、孙炳文等后来成为坚定的共产主义战士的中国学子。1925 年"五卅惨案"后,哥廷根大学的中国留学生举行集会抗议帝国主义的暴行,张老也积极投身到这一活动中,并和朱德、孙炳文、王毅齐等 30 多名留学生合影留念。说到这里,张老叫儿子取出这张珍藏数十年的照片让我们看,他不戴眼镜就指出了其中的朱德、孙炳文等人,并十分惋惜地说:"炳文和我关系最好,他有正义感,是个坚定的共产党员,可惜回国后被蒋介石杀害了,他的女儿孙维世被周总理夫妇养大……"

5 年的留德生活,张静吾抱定了"教育救国、教育兴邦"的信念,刻苦攻读,学业出色。其间他曾出庭帮助一位中国留学生与德国人打官司,并以出色的德语、杰出的辩才,令哥廷根全城为之轰动。他也很幸运,博士导师是德国的一位名医,在列宁遇刺后还曾专赴苏联为列宁治病。张静吾获得博士学位,导师曾力劝他留在母校任教,而张静吾却毅然放弃了优厚的待遇,回到了灾难深重而又令他魂牵梦萦的祖国。回国后,他成为当时北京的德国医院(现为北京医院)中唯一的一位中国医生,他第一次感到了自己的实力、以学识和外国同行竞争的自豪。

抗日战争爆发后,张静吾先后被抽到国民政府组织的重伤医院和安顺军医学校工作,用他精湛的医技,救活了一个又一个的抗日将士。而他自己的亲人,却被日本鬼子残忍地杀害了。说起这段往事,张老的心情难以平静:那是 1944 年春,受聘为河南大学医学院院长的张静吾在乐川指挥学校撤退时,遇上了日本兵。当时他身边有六位亲属,他镇定地用日语对日本兵说:"我是医生! 他们是手无寸铁的平民!"他对自己的亲属则深沉地叮嘱:"逢山山下死,遇水水下亡,决不当亡国奴!"日本兵把张老独自押解一处,之后,他跳崖逃跑得以生还,他的夫人(一位北师大毕业的女教师)和侄儿却被日本兵用刺刀各刺了 4 刀,夫人惨死,侄儿重伤。另外 4 位亲属被残杀后扔入水井中。听张老忆及往事,坐在他身边的侄子、60 多岁的张宏中悲愤地掀开衣领,让我们看他脖颈处深陷肉里的 4 处刀疤。张老说,虽然侄子当时死里逃生，但由于食管被刺穿，此后吃饭不得不从橡皮管子里喂。说到此，张老悲愤地大声说："这一喂就是整整八年啊！"

谈起新中国，张老由衷地评价："共产党领导得好！"新中国成立初期，他担任河医大的副校长，一生为之奋斗的教育事业此时才真正结出硕果。此后数十年，张老培养出了一批又一批的医学界英才。说起新社会，张老兴奋起来，他说自己虽已95岁高龄，牙齿未掉一颗，虽然患过脑血栓，精神却一直不错。90岁大寿时，他的学生中仅知名学者、医生、教授就来了30多位。如今他的高足魏太星、张效房等著名教授也已退休，许多已届耄耋之年的学生还时常来看看自己的寿星老师。

我们请张老的老伴、著名的小儿科专家毋爱荣对张老作"世纪短评"，82岁的毋教授说：为师，他严肃、严格、严谨；为人，他直爽、真诚，办事要求准确、精确；为父，他对孩子深藏着情爱却又难得享受天伦之乐，因为他将全身心投入到事业中去了。

走进张老的家时，我们惊讶于这位仅博士帽就戴了70年的老人一身布衣，家中俭朴得竟没有一件像样的陈设；采访结束时，我们终于明白了，只有像他这样把一生都投入到事业中去的人，才能在宁静中致远，才能在淡泊中长寿。我们衷心祝愿张老能健步走向21世纪，张老听后笑了，这笑容依旧是那么淡然、那么真诚。

原载《河南日报》1995年9月29日

潭头蒙难记

张宏中

　　我今年已经80岁了,能活到现在,应该说是一个奇迹。回想当年,如果没有我叔的全力救治和悉心照料,早已葬身他乡了。如今我叔离开我们已10年了,但是他那博大的胸怀和对医学事业的卓越贡献,永远铭记在我的心中。尤其是在那艰难的岁月里和他一起度过的日日夜夜更让人刻骨铭心。

　　抗战时期,国立河南大学为避难,暂迁河南嵩县潭头。我叔时任河南大学医学院院长。1944年5月15日,那天下着雨,日寇突袭潭头。当时因信息不灵,准备不足,许多河大师生仓促出走。我当年16岁,初中刚毕业(本想趁我叔回巩县省亲返回时到嵩县求得继续上学的机会)。我跟随叔、婶,还有几位亲戚,他们是:化学系学生刘祖望,医学院学生李先识、李先觉,医学院附属医院助产士任锡云等一行7人一起逃难。在准备离开潭头时,遭遇日本鬼子,不幸被捕。当时被捕的还有当地百姓约50人。

　　雨一直下个不停,在被押解的途中,我婶因惊吓、饥饿、恐惧,早已浑身乏力了,只好就地躺下。这时到处都是鬼子的游兵,不时还有鬼子的骑兵通过。见这个阵势,我叔对我说:"宏中啊,我们这些人看来是活不成了,如果逃不出鬼子的手中,咱们是逢涧涧下死,逢沟沟下亡,绝对不能做亡国奴。你小孩一个,个头又小,日本人不太注意你,找机会就跑。""我不跑,你咋着,我咋着。"我叔跺着脚说:"都啥时候了,你这孩子还这么不听话!"这时一个汉奸走到我叔跟前,呵斥着,跟我走!揪着我叔穿的大衣领子,把他抓走了。

　　突然，一个鬼子手持一根木棍，向我婶和我躺的地方走来，抡起木棍劈头盖脸地打下来，打得我天旋地转，之后就什么也不知道了。等我醒来的时候，天已渐渐黑了，发现我头枕在我婶的小腿上，我挣扎着支撑起来，喊我婶几声，没有回应，又爬到婶母肩旁，发现她被刺了数刀，其中一刀刺中心脏，她已经没了气息。直到这时我才感觉到一阵阵剧痛，脖子流了好多血，用手摸了摸，脖子前方有三个洞，右肩后边还有一个洞，知道自己被鬼子刺刀捅伤了。七位亲人现在只剩下我自己了。我叔被抓走，生死不明，婶母吴芝蕙已被日本鬼子用刺刀杀害。其他几位亲戚也不知在哪里。黑暗中只剩下奄奄一息的我，叫天天不灵，呼地地不应。

　　在求生本能的驱使下，我走走爬爬，被当地的一个好心的老乡收留，挣扎了两夜一天，竟意外地在这位老乡家被我叔找到了。当时我昏昏沉沉地听到我叔边哭边搬起我的头说："宏中啊，咱咋弄成这样了……"

　　在当地农民张凤祥一家的鼎力相助下，我叔精心照料着我。当时我极度饥饿，可食管已被刺断，饭喂到嘴里马上从脖子的三个伤口处流出来，滴水进不到胃里，这样下去要被活活饿死的。目睹此景，我叔心如刀绞，立刻冒险下山到化学系实验室找到一截橡皮管，对我说："宏中，这是你唯一的希望，你无论如何要忍痛配合把橡皮管插到胃里。"就这样我才艰难地活了下来。后来我学会自己从喉咙往胃里插橡皮管，每天早上插进去，晚上取出来清洗。那时最怕过夏天，天热容易渴，可喝点水都要用橡皮管灌。这样一直到了1952年，医学院学习苏联的组织疗法，我被尝试着注射能软化疤痕的"胎盘组织液"。过了一段时间，我能咽唾沫了，慢慢地可以喝水吃东西了，至此才告别了伴随我8年的橡皮管。

　　在这八年当中，我叔为我治伤操碎了心，在他的精心安排下，我曾就医于西安外科医生张同和诊所，住过河南西峡口王作楫（号华五）的建华医院、南京中央大学附属医院、汤山陆军医院，大小手术共做了八次。为我做手术的都是当时有名的外科专家，他们为阎仲彝、万福恩、张同和。我叔为我这一生倾注了太多的心血，在我心灵深处感到他比我的亲生父亲还亲，我们之间感情之深无法用言语表达。

而当初与我叔一起逃难的另外四位亲戚,只有任锡云半路乘敌人不备时逃走了。刘祖望、李先识夫妇俩及李先觉在天黑前投井自尽,事前他们写了张字条,让一当地农民转交河大,向学校说明他们不能受辱只愿一死。3人跳进井里后,几个日本鬼子还赶过来往井里面打枪。

新中国成立后,我叔倾心投入到医学事业的发展中去,我也一直生活、工作在他的身边,常常聆听到他的亲切教诲。不管遇到什么挫折、坎坷,都有他老人家的关怀与呵护。他几十年如一日,为医学事业的发展做出了巨大的贡献,他德高望众,豁达幽默,睿智博学,又平易近人,为我及后人深深怀念和敬仰。

忆岳父张静吾

任德东

　　一九六八年冬,十二月二十二日,书友慧德挚意带我去见一个人。他说此人与庸众的读书人不同,不但睿智聪慧,而且思想深邃,有自己的见解,不随世俗,人更俊秀。那时我潜心研究哲学,作搬运工,对顶峰论有质疑而被当时的读书人所共知。晚六点下班时已蓬头垢面,满目灰尘,一身褴衫。慧德带我到达河医家属院老八排平房时已晚七点有余。有一间半平房,在平房的半间见到了要见的人——张宏锦。她一脸英气逼人,气宇轩昂,仪态严峻,清秀的脸上镶着黑而亮的智慧的双眼。黑夜给她以黑亮的眼睛,她用来寻找光明。坐定后,她一语惊人:“我在思考客观世界和物质力量对社会形态的制约,而你对哲学有如此大的兴趣,为什么?”“哲学不止一种,世上有各种哲学,古希腊哲学、中世纪哲学、纪院哲学、启蒙哲学、思辨哲学……各种哲学用各种不同的思维方式认识与揭示世界,问题在于改造与改变世界。”木讷的我好像在背书。“一个时代问题的症结只有存在于它的政治经济领域里,空空的哲学怎么能找到答案?又怎么能改变世界?”又是有力的反问。“批判的武器当然不能代替武器的批判,物质力量只能用物质力量来摧毁;但是理论一经掌握群众,也会变成物质力量。理论只要能说服人,就能掌握群众;而理论只要彻底,就能说服人。所谓彻底,就是抓住事物的根本。但人的根本就是人本身。”这回真的是在背书了。“人为环境与教育的产物,而你认为,仅仅靠意识形态,人们能够解放自己吗?”她尖锐地问。“哲学把无产阶级当作自己的物质武器,同样地,无产阶级也把哲学当作自己的精神武器;思想的闪电一旦真正射入这块没有触动过的人民园地,德国人就会解放成为人。"当然是在背书,是黑格尔法哲学批判导言中的结论。谈话在逐步深入,双方兴趣盎然,我们对当时社会的一言堂有共同的感慨,于是我颇有感触地诵出马克思论普鲁士出版法的精彩段落:"大自然是五光十色、万紫千红的,水珠在阳光下闪烁着光怪陆离的颜色,玫瑰花与紫罗兰在空气中有着不同的芳香,而你们为什么只准出版界有一种色彩——即普鲁士的官方色彩呢?"又是在背书,我注定是书呆子。她的眼睛闪烁着光芒。这时我注意到书桌上放着几本伟人传记的书,便问道:"你喜欢读伟人传?"她点点头,我便脱口而出,"伟人之所以看起来伟大,是因为我们自己跪着,站起来吧!"她欣赏地看着我,若有所思。这时她母亲走了进来,慈祥、矜持而有贵气,对我们微笑。而我还在旁若无人地侃侃而谈,还是慧德替我向她母亲问好并饶有兴趣地与她聊了起来。

另一房间与此房相通,坐满了那时代的知青,大都是她哥张宏时的同学,她的父亲张静吾坐在那里,我看到他正示意往这个屋里的人倒茶,向我示意喝水。他父亲站起来时一身藏青色的中山装,满脸皱纹很深,待人有礼,沉默无话。第一眼看上去就感到他颇有阅历,是一位长者的风范。后来知道他名张静吾。四年之后,在第五个年头的夏天,他成了我的岳父。我与岳父的第一次见面是一九六八年十二月二十二日。没有一句言语与寒暄。后来知道那年他已六十八岁。而我二十岁,一个初出茅庐就挥舞着进攻的长矛的人,不谙世事,唯知思维与批判旧世界,言必称思想的解放,动辄则说旧世界的庸人云云。后来宏锦告诉我,第一次见面后母亲说:"那个低个(指慧德)聪明、懂事、灵活,那个高个(指我)好像在背书,是书呆子,一讲话就自以为是,目中无人,骄傲自大。"

岁月不居,时节如流。风和日丽也好,风雨如磐也好,大抵都如流水。我第二次见岳父时,是在一九七一年初冬。是宏锦告诉我老人要到郑州开会。省里召开爱国人士座谈会,只有屈指可数的几个人。会后,在河医门口的水果店见到他。他还是穿着一身藏青色的旧的中山装,衣兜内装有两个大方格的手帕,他告诉我可做春天包樱桃用。樱桃是一年中的第一种水果,很好吃,还讲到秋天,手帕可以包桃子,桃子也很好吃,在老家巩县,可以包柿子的。此时的他,心中有几分喜悦与舒展。他告诉我:"此次会议与张轸一块,张轸,旧军人,后起义,担任过国家体委副主任、省政协副主席。人耿直,此人与我一样,在一九五七年后成为大右派。"我此时对眼前的这位长者肃然起敬起来,不知道讲什么话为好!在此前几年,我曾细读了许多一九五七年的反右丛书,字里行间知道他们都很有思想,满腔热忱、有见解,为了国家与民族的进步敢于直言坦言,而在现实中还没有见到过一个右派,何况是一个大右派,眼前的这位颇具童心的长者!我开始仔细打量这位慈祥的老人,他思维敏捷,学识渊博,并不仅仅局限于他的医学,他识人识事识物,论及世事与世人,与其说入木三分,不如说入骨三分。他讲话极有分寸,怎么也看不出他会有右派的慷慨陈词、铮铮有力的声音。我在思量着他,而他分明在经过一九五七年的风云之后,无论从论世论人论语都很有分寸了,对敏感的话题从不越雷池一步,对任何人从不妄加评论。我讲章伯钧、罗隆基,讲钱伟长、费孝通,他很慈祥地拍了拍我的肩膀,语重心长地说:"话说多了,人就要吃家什!"

我第三次见岳父时,是一九七三年秋,他在临汝温泉,即河南省干部疗养院,那时河医备战疏散于此地。院落干净整洁古朴。西院是医院的门诊部,东院是平房的家属院。我与宏锦已成过婚,住郑州嵩山路南段,我们是专程去看老人的。秋日的骄阳照耀着挂满丝瓜的屋檐,屋檐内就是岳父岳母住的地方,虽地处穷乡僻壤,房间内却井然有序,餐桌上依然是精致的嘉庆斗彩瓷盘,盛满了榨菜肉丝,光绪粉彩小碟里盛的是酱黄瓜,青花釉里红汤碗中是美味可口的鸡丝面……岳父这次健谈了起来,他说人到一地,先要看看四周的环境,看明白后才能安下心来。在他的带领下,我们把温泉疗养院四周的农村全转遍了,使我感到莫名惊诧的是,岳父每到一个村庄,总有许多乡下人与他先打招呼,问寒问暖,亲热如老朋友。我问怎么认识他们呢?岳父严肃起来,很认真地说:"马大值钱大,人架子大不好,既然入乡随俗,我就要与此地的老乡和睦友好相处,与他们做朋友。我们医院也有不少教授,不理人家、不理老乡,仿佛高人一等,自己做一个教授有什么了不起?

你就不吃老乡种的粮食、蔬菜？我不信。一个学医的人怎能不与老乡、不与农民打交道呢？学医是为什么？为了给人治病！教授是人，农民也是人，何况我们国家百分之八十都是农民……"我感到岳父话里蕴涵了深沉的真理，他学医的夙愿是为了多数农民，为了医治满目疮痍的人间疾苦，不是为博士院长的头衔，也不是为一代名医的声望，而是解除民间疾苦。学医为济民，是不为良相、但为良医的传统儒家思想的延续与承继。此临汝之行，岳母没有再称我是不懂事的书呆子，更没有记起讽刺人的旧嫌，而是亲切地夸我走路的姿势像刘老五，大气魄。那年，岳父在温泉疗养院西院的阅览室，他兴致勃勃地让我到那里参观，而宏锦在家中陪母亲包饺子。回家的路上，我听到岳父在低声地哼着京剧，是《红色娘子军》中的一段，广播里的高音喇叭也是在放这一段："娘子军连歌天天唱，今天唱来格外亲，今天唱来格外亲……"

一九七四年的深秋，岳父岳母从临汝温泉回到了河医，住在院长楼旁边的平房里。相处的日子逐渐多了起来，而谈话的内容也相应的多了起来。岳父看到报纸登了章士钊先生到香港不久就去世了，活了九十三岁，人称老虎总长，"老虎总长是何意？"岳父分明是在考一考我。"大约二十年代章士钊办《甲寅》杂志，主张国学为本，章士钊在一九二五年、一九二六年任段祺瑞执政府教育总长，甲寅为老虎。所以世人称他为老虎总长。"我历来钦佩鲁迅先生而偏视章士钊，尤其是读了鲁迅的《纪念刘和珍君》《论"费厄泼赖"应该缓行》之后。岳父看透了我的思想倾向，很耐心地说："此人很有学问，国学造诣很深，世事洞明，人情练达，每每为座上宾，我二十年代在北京德国医院时，在京华就闻其名。青年人看历史不可偏执啊！"岳父继续说："人被涂上政治色彩是出于无奈，并不是一个人的本意。青年时很难理解。我过去在抗战时期作军医院的医生，接触过不少军人，其中有一位原东北军出身的少将，很有才干，在滇缅战场打了不少胜仗，与他同一军衔的人都升为了中将或上将，而他依然还是少将，我问他何以至此？他说他过早地涂上了政治色彩，很难抹掉，也很难摆脱掉的，无可奈何……"若干年后，尽管仍有仰天大笑出门去、我辈本是自由人的豪气，尽管人生又开辟了新的领域，开拓了新的境界,尽管我在高等院校的教书生涯中怡然自得运用自如,但细品岳父以切实的例证讲述的人生哲理,感慨油然而生,其中告诫之可贵唯心灵深处方可感知,只惜年轻时不更世事,难以领略岳父之谆谆教导罢了。

后来,郭沫若出版了《李白与杜甫》,我买了一本赠予岳父,知道岳父故乡与杜甫诞生地仅一里之遥。在此之前曾背诵杜甫的《赠卫八处士》诗,岳父很喜欢这首诗,说:"杜甫访旧半为鬼,惊呼热衷肠,我是访旧多为鬼,惊呼热泪长了。"我对郭沫若臆断李白出生在中亚碎叶很有质疑,而岳父对郭沫若扬李抑杜的思想深表不满。岳父说:"杜甫是人民诗人,其三吏、三别在青史上独放光彩,为世人公认,谁能写出这样洞察现实充满人间苦难的诗篇?只有杜甫,在巩县瑶湾出生的杜甫!我对杜甫有感情,郭沫若说他什么门阀观念,我心里不高兴!"时代不幸诗人幸,话到沧桑语便工。历史与诗史的辩证关系大抵如此,诗人在生活中的际遇与诗人在文学史上的造诣也大抵如此。

论及历史,他说:封建专制制度要的是奴才,而我们民族需要的是人才,奴才只会听话照办、亦步亦趋,而人才方能继承创新并开拓历史。他从不妄言,从不人云亦云,他是一个不唯上不唯书只为实的人。论及世事世人,他每每流露出胸阔似瀚海、常怀赤子心的真情,尽管他历经沧桑又饱经磨难。他兴致勃勃地谈起二十年代留学德国时期的武剑西、孙炳文、房师亮、朱德、史逸等人……他对马馥庭如何说服他离开京华到河北大学医学院任教授记忆犹新……讲上海同济大学校长翁之龙知人善任,让他全权代表同济大学医学院并承办第一重伤医院……讲武汉同济医学院梁之彦教授胃口好,见解也好,学识渊博……他高兴的回忆张建创办贵州安顺军医学校让他筹建附属医院的情景,张建为人豁达大度、胸有成竹……他睿智、诙谐、率真的秉性时时在回忆的叙述中自然流露出来,当一句插话可以引发他的共鸣或引起他大笑时,他锐利的眼睛快活地嘲弄地闪动起来……"人非圣贤、孰能无过?"辛亥革命老人、孙中山的保健医生上官悟尘是岳父常常惦记的至交老友,岳父说他风流倜傥、卓尔不群,可惜晚年孤单,常以长生果相寄,上官老人寿辰103岁……在京的前亡妻吴芝蕙之弟吴黔生多年疾病缠身,岳父不断给他汇款,接济其生活……岳父的心中对人间充满了诚挚的爱心。

岳父个性的另一面即刚直不阿、正直无私、脾气暴戾为医学院老同事所熟知。如一九四九年前曾慷慨陈词于军政部军医总署,勃然大怒、驳斥种种旧论,力陈全国医学院承建重伤医院的必要性;一九四九年后大发雷霆于河南省卫生厅,为了一台进口设备没有安装在河医附属医院。他经常不定期检查病房,使所有医护人员提心吊胆,称他为"警铃"。不知道岳父发脾气时是什么样子。记得岳母曾给我讲起过老河大医学院的人哄小孩时说:"不要再哭了,不要再哭了,再哭张院长就要来了……"然而在我的记忆里,从来没有看到他发过一次火,没变过一次脸,他是一个温和的长者、一个慈祥宽厚的父亲。记得他八十八岁时,外出后归来的他,看到整个房间都是他不在时被调换了,他沉默不语,他只讲了一句低沉的话:"今后,我说的话还算不算一句话?"

在与岳父的谈话中,我常常与他争论。我是一个不知天有多高地有多厚的固执己见的人。而岳父在与我的辩论中则常常耐心诱导,晓之以理,动之以情,真诚地感化我。他说:"心贵平和,情贵淡泊,激情、激动对神经对心脏都不好,慢慢就会懂得……何况,人在争论时一定要以占上风为快吗?"后来,宏锦开玩笑地告诉我说:你再与爸爸谈话争论,假如把爸气病了,我们全家都会一起找你算账。殊不知,若没有争论,没有争论的兴致与雄辩,也应是人生的悲哀。

岳父爱收藏鉴赏。传世的有二十四史木版本、《皇清经解》《王船山全集》、《佩文韵府》、古版《昭明文选》及其他各种子集,约有千余至两千册。还有古版《纪事本末》《中州名贤文集》,其中《歌德全集》《席勤全集》《世界文库》,在中原以至国内也为罕见。岳父喜爱宋瓷,尤其是北宋汝瓷、北宋钧瓷、北宋汴京官瓷,均存有几件。岳父的故乡巩县是北宋皇陵所在地。岳父更酷爱书画,收藏有唐寅的画、康有为的字,华世奎的书法、谢瑞阶的画作,尤爱"欲除烦恼须无我,历经艰难好作人"的书法条幅。一九七四年冬,岳父把几件宋瓷都赠予了我。他深知我崇拜宋代文化并珍爱宋瓷。岳父曾是北京德国医院的第一位中国医师,也是唯一的中国医生。二十世纪二十年代的国人，崇尚德国医学，京华更甚。由于岳父医德秉正、医术精湛、名震京华，加之德国国家医学博士的头衔，求医求救于他的民国要人、清代遗老遗少、君主立宪党人络绎不绝。被他治愈过的有：梁启超、吴佩孚、郑孝胥、奕亲王的后裔、张廷芳，以及精于收藏的刘镇华、张伯英等人。他绘声绘色的叙述，栩栩如生，使人如闻其声，如见其人……

岳父畏寒，每年冬天，他总是亲自动手把炉子生起火来，不管是在平房还是在院长楼，从来不指望暖气。他手里拿着勾火炉的铁长钩，在不停地敲击着炉子，在检查哪里可能漏煤气。其敲击的动作十分认真而又十分可爱，一边敲击，一边在说："每年没有冻死者，却有煤气中毒者，中毒者在于其不严谨，不注意炉子漏气，把一氧化碳弥漫于室内，生活中无处不科学啊！德东你生活中很粗心，更要留心！"……每每忆起岳父的这席话，一股暖流充满全身，热泪夺眶而出……

每次与宏锦和孩子们一起到河医看望父母，宏锦总是帮母亲做家务，而我的任务就是与岳父聊天谈话，作食客，天南海北，古今中外，无所不及。岳父虽也乐在其中，但对我仍保留着不同看法。终于他把对我的洞察以玩笑方式说出。一天他对我儿子说："启启，回家问你爸爸，火车为什么会跑？飞机为什么飞上天？"……时间久了，他老人家就对我直言说："你研究哲学、人文社会、历史与改革、博览群书，这都很好。如果能用点心思研究人与自然的关系，做些实事，才能成为更有用的人。"岳父的话一针见血，指出了那个时代具有理想有政治激情的年轻人的通病。从那时起，我才开始潜心读英国李约瑟写的科学技术史，读自然科学史，注重一个时代的生产力的发展与体现这一时代生产力水平的生产工具。

适逢华裔美籍学者韩诚信夫妇坚持要到河医看老师，岳父一家搬进了院长楼，有楼上楼下，六间房子，这在当时是省会最像样的住房。岳父在楼上有了自己的书房，傍依着金水河两岸垂柳下的流水；枝叶茂盛的法国梧桐树遮蔽着窗口的骄阳。这几年，在主持院务、主持院学术委员会、主持学院学报忙碌之余，常常漫步于金水河畔，有时漫步于校内大操场，沉思、回溯，犹如卢梭所述是一个孤独散步者的遐想，几年后构成了《九十年沧桑》……

岳父的本意并非出版，只是给家中后人一阅，以陈述自己的心迹与人生历程。河边垂柳知春早，高山劲松能耐寒。仰俯万物皆更新，满腹沧桑谁共言？斜阳外，古道边，夕阳山外山，自信人生二百年，满腔热血报祖国。在时局危难中，率领第五重伤医院，冒着烽火硝烟，抢救伤病员，容纳六百余伤员的大医院，辗转于上海、苏州、太湖、宜兴、芜湖、宣城、九江、南昌、金华、赣州、吉安，迂回曲折，九死一生，细算起来，岂止三万六千里？东渡日本，学医济民……远赴德国哥廷根大学、慕尼黑医学院……莫斯科红场的足迹，巴黎凯旋门与埃菲尔铁塔下的游览……苏伊士运河入地中海，从马赛港到里昂，从里昂到巴黎，从巴黎到柏林，再到哥廷根城……归来时仍乘法国的波多斯号大邮船……天之涯，海之角，如今栖身于金水河岸……知己同窗，多已凋零，人生事业、几度辉煌……世态炎凉、人间依旧真情在，几多磨难？……几多坎坷？……几多彻悟？……几多苍凉……是全然化入笔墨，还是给后人留下悬念？匪夷所思也，匪夷所知也。"大雪满天地，何为仗剑游？欲谈心里事，同上酒家楼。"房间里挂着书法家寒江写得颇有含义的诗句，也耐人寻味。世事难，行路难，而写书更难，大概只有如此……

一九八五年九月，过了生日之后，岳父突然患急性胆囊炎。假如抢救不及时则不堪设想。他的弟子们在河医的各科大都成了名教授。在讨论如何急救老师。外科著名教授石炯一语破的："立即给老师做手术！老院长的病刻不容缓！"苏寿恒、谢志征、许佩钦教授亲自持刀，把手术做得干净、利索，十分成功。而在手术室的外面，魏太星、张效房、李振三、吴国桢、苏寿沚，张延荣等名教授都在急切等着结果，一直到老院长安全顺利地从手术室推出来……又多次到病房看望慰问。父亲康复后健康依然如故，精神依然矍铄，依然兴致勃勃地参加各种会议。每逢春节，他的学生们常结伴到家中给他拜年，这些学生也多为医学院的专家和名教授了。高山仰止，景行行止。岳父是医学泰斗的称谓是医学界同仁所公认的。是七十余年学医的历史造就的客观事实。医学史已留下他的英名与篇章。

一九九二年五月，岳父九十二高龄，在参加过省里会议后，由于神经劳累过度，精力高度集中，这些诱发因素导致了岳父在会议后的第二天患了脑血栓。抢救后入高干病房 102 室以待康复。宏时、我、静宇，三人轮换值夜班，家里其他人值白班。一月后，右手与右下肢瘫痪，而他思维与意识、语言讲话，都如以前一样清晰、有条不紊。我值班时，岳父清醒地告诉我："人得脑血栓，是很难康复的，我从二十世纪二十年代在德国哥廷根大学、慕尼黑大学就学习研究神经内科，至今世界各国尚无人攻克此课题。只有逐渐等待死亡，他们只是死马当作活马医罢了。""也不尽然，十三年前，你因食物中毒住院，吃牛肉，拉肚子，你就说不行了，与你的同乡杜甫一样，杜甫当时是'亲朋无一字、老病有孤舟'，没有医院可治疗，只有撒手人寰。而你现在处境与他相比是霄壤之别。当然会康复的！"我信心十足地说。"德东，你不懂医学，神经的康复是很难很难的啊……"岳父又说："二十二年前，在临汝，那是冬天，下鹅毛大雪，我感冒高烧引起肺炎，你岳母带学生实习，家中无人。是当地老乡们把我抬到了医院，假如不是及时彻底治疗，二十二年前我就去见张仲景了，还能与杜甫谈诗。"是啊！当人被病魔折磨得痛苦不堪时，谁都会想到死，然而死并不是解脱，死只是给自己带来轻松，给亲人和后人们留下无尽的痛苦和怀念。"刚才，我从走廊过来时，张仲景让我转告你：'坚决不见张静吾！'"岳父听后大笑："你有时很可爱，多时不听话，很固执己见，更不热爱劳动。我就不赞成你教育孩子的专业方向，一个学美术，一个学音乐。要知道一个民族连自身的衣食住行都没有解决好，怎么能有心画好画？学好音乐？我是不懂啊……"此时，我心中也充满苍凉，怎么表达才能让饱经沧桑的老人不失望呢？要知道在他心中是想让下一代学一个扎扎实实地立足于现实的专业！先谋生，后谋事。平心而论，我与宏锦都不现实，在人们眼中包括家人的眼中都被认为是好高骛远的人、不务实的人。是的，我历来以务实为羞，我历来是追求超越现实的理想的唯美主义者，致力于抽象思维。我的心愿是让儿女们能从事一种超越派争、超越政治的纯学术的专业，不分地区、不分种族，也只能是美术与音乐了，它是艺术，是人类共同的美好渴望与不懈的追求。面对岳父的关切，我沉默不语……

　　后来，宏锦出国留学深造。我带儿携女奔波于上海，在宁设机构，辗转于沪宁杭之间。儿女以杰出的成绩昂首阔步跨进上海高等院校，上海成为我心中所系的地方。无形中我疏远了河医,疏远了多少年来以此为家的心中家园。每每隔很长时间,才到河医家中,岳父见我从无怨言,总是关切地问:"刚从上海回来?两个孩子怎样?学院的伙食好吗?"岳父已经慈祥地坐在轮椅上。生活依然有规律、整洁,作息时间固定,吃饭定时定量,从不多食,饭后必漱口,牙齿保护完好整齐,连一颗都没有掉!在九十八岁高龄的这年四月,当春意阑珊、杨花似雪飘落满地的季节,岳父还坐轮椅到河医学生宿舍楼下,他静静地观望学生们的生活……我看他陷入沉思,犹如看到他当年在德国哥廷根大学留学时的峥嵘岁月……

当年五六月,岳父因老年性前列腺炎患尿潴留,住 203 病房,见宏时守在身旁,后来又去,见宏改在守护。那时岳父已很消瘦,慈祥的面容依旧在关切地问:"两个孩子怎么样啦?"当我说两个孩子在上海发奋读书、学业专业都很优秀时,他欣慰地笑了。同年八月十一日,岳父因感冒、肺部感染住进河医附院抢救室,住院的第一天低烧,第二天发高烧,第三天已处于高度抢救之中,终因呼吸衰竭于一九九八年八月十四日上午十一点三十分溘然长逝,终年九十八岁。记得一九七四年冬日围炉烤火时岳父在偶然谈话中说:"我患过肺部的病,曾几次戒抽烟,肺部不好,早晚会因呼吸衰竭而告终。寿可傲王侯!但人的病灶很难根除!"神有神灵,医有预感,人有感应,果其如此乎?

秋雨、酷夏、寒冬、晨雾、夕阳……岁月一天天的流逝,人亦一天天的苍老,从一九六八年冬第一次见岳父到如今,四十年岁月过去了,当年那个冲决罗网的狂飙式的、那个叱咤风云的不知天高地厚的青年已经变成年迈花甲之人,定居于美国加利福尼亚的我终于回郑,伫立在岳父的墓碑前……岳父的身影与那藏青色的中山装都闪现在眼帘……仿佛是梦幻,岳父的音容犹在:一皱眉、一挥手、一笑谈……一碟肉末、一份月饼、一顿水饺、一碗粽子、一盘水果、一杯茶水……河医温暖的家,其情其境,又历历如绘地呈现在我的眼前,四十年犹如一片烟雾被一阵急风驱散……仿佛又是一九六八年冬天的第一次见面……远处一片萧索,天空仍旧是灰蒙蒙的,仰望天空,天空阴沉,空旷无语,俯瞰中原大地,大地一片寂寥,沉默不言。《圣经》说:人死后灵魂可以升入天堂,中华民族的历史也认为人死后有灵魂的,谓之九泉下有知,谓之在天之灵。岳父只是在墓碑下静静地安息罢了。人辛苦一生总要有安息之日的。生与死、死与生,本相对而言,相反而相成,互为区别,又互成各自的概念。岳父虽死犹生,音容宛在……昔我往矣、杨柳依依,今我来时、阴雨霏霏,记忆中的金水河畔的杨柳已不复存在……河畔的老八排平房早已荡然无存……而记忆中的岳父依然是一九六八年冬的一身藏青色的中山装,依然是满脸皱纹……依然是坚韧不拔、自强不息……他是一个堂堂的男子,整个说来,再也见不到像他那样的了……伫立在墓碑前的我在默默地为岳父祈祷……长歌一曲,慷慨悲歌,悼念岳父:

伊水泱泱

北邙苍苍

河洛文化

蕴吾无疆

二〇〇八年六月

从父亲的一件珍藏品说起

张宏锦　张宏改

父亲张静吾 1918 年毕业于河南留学欧美预备学校,毕业之后,即走向上海同济医工专科学校(上海同济大学医学院前身)学习,并且踏上了留学东洋、西洋的道路,奠定了他一生与河南大学割舍不断的千丝万缕的联系⋯⋯

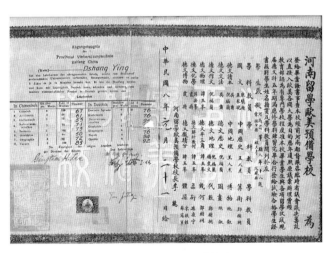

张静吾河南留学欧美预备学校毕业证

斗转星移,一百多年过去了,这个毕业证一直被我父亲珍藏,而现在由我们后人保存。它不是一般的毕业证,它见证了河南大学的历史、前身和后世源源不断的关联。

维基百科是这样记载这段历史的:"河南留学欧美预备学校是中华民

国北洋政府时期位于河南开封河南贡院旧址的一所培养留学生为目的之预备学校,教学内容以英文、德文、法文为主。由河南当地教育官员和教育界人士于1912年春上书河南当局、提议办学,时任中华民国临时大总统袁世凯得知消息后予以支持,1912年9月下旬正式开学,至1923年被新成立的中州大学所取代。"

父亲在《九十年沧桑》回忆录里曾陈述,该校创办于1912年,学制为五年,学制之所以比同类学校多一年是准备毕业后能直接入欧美各国大学学习。父亲于1913年考入该校德文班。最后的英文班还未毕业学校即改为中州大学,1927年又改名为河南中山大学,至1942年升格为国立河南大学。所以留学欧美预备学校实为河南大学之前身。学校老师多为河南名流,如史地老师王人杰,十六岁即考中举人,德文老师吴肃,固始县吴状元后代,数学老师郑琴堂,国文老师陈今晴等,都是非常优秀的老师。预科学校初期校长为林伯襄,王抟沙先生也曾参与筹办学校。德文班升入二年级后,学校又请了由德回国的杨丙辰及德国人倪福兰女士,还聘请了林敦迈、邵特等,史地理化皆用外文原版书。办德文班在河南是首次,教材奇缺,困难重重,幸亏有几位德国老师及林校长的苦心经营。林校长对学生的学习、生活要求甚严,学生均住校,每周只星期日准许外出。新生入学三个月后举行甄别考试,及格者继续学习,否则退学,学校要求之严由此可知。这种学校只有在河南办了一所,除了北京清华学校、上海南洋公学外,别省未闻有此类学校之设立,有人说这与袁世凯是河南人有关。

父亲的留学欧美预备学校毕业证上名为张凝,字静吾,因二十世纪三十年代河南大学校长张仲鲁先生聘父亲为教授兼院长,聘书上写的名字是"张静吾",此后父亲即以字行。

父亲的一生历经坎坷,阅历丰富。1919年赴日本东京帝国医专留学并参加东京留学生举办的支持北京五四运动,因不愿屈忍日本人的歧视,愤然离开日本回国,到上海同济大学医学基础部插班学习。1922年父亲赴德国哥廷根大学学医,结识了房师亮、武剑西、孙炳文、邓演达、徐冰、朱德、利瓦伊汉、朱家骅等,积极参与组织大游行并发表演讲支持国内的五卅运动。

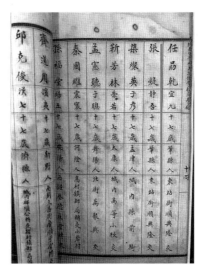

河南留学欧美预备学校 1916 年通讯录

张静吾(第二排右五)留学德国期间与朱德(前排右四)
等人合影

1926 年获德国国家医学博士学位。回国后积极参加北伐战争。

　　1927 年父亲在开封时亲自向中山大学校长凌济东提议,之后又多次向省政府力陈在河南开办西医教育之必要,终于在 1928 年建立了河南大学医学院,开创了河南西医教育之先河。此时父亲在北京德国医院为唯一中国医生。1931 年到河北医学院任教,开始了他的医学教育之路。1934 年父亲受聘任河南大学医学院教授兼院长,之后受聘到同济大学医学院任教,离开

Unter dem Rektorat des Professors der Geographie
Dr. Wilhelm Meinardus ernennt die Medizinische Fa-
kultät der Georg August-Universität durch ihren Dekan,
den Professor der Dermatologie Dr. Erhard Riecke,
den approbierten Arzt Ying Dschang aus Kunghian
(China), der sich durch Abfassung einer Arbeit „Die bak-
teriologische Diagnose und Prognose in der Gynäkologie
und Geburtshilfe" und nach mündlicher Aussprache als
vertraut mit der ärztlichen Wissenschaft erwiesen hat, zum

Doktor der Medizin.

Göttingen,
den 11. Oktober 1926.

Professor D. Riecke

张静吾1926年德国哥廷根大学博士毕业证

河南。抗日战争"八一三"开战后,从东北至淞沪,父亲深感军医人员匮乏,专赴南京向军医署署长张建(父亲德国留学同学)提议军医署令各医学院承办重伤医院,以增加战时救死扶伤之力量,这个建议即被张建采用。1937年父亲被任国民政府第一和第五重伤医院院长。1940年应张建之邀任贵州安顺军医学校(国防医学院前身)内科总教官兼附属医院院长。1943年应河南大学医学院殷切邀请,辞去贵州安顺军医学校职务,二次回归河南大学医学院(见聘书),任教授兼院长。

当时河南大学处于流亡豫西嵩县办学期间,教学条件差,生活极其艰难。父亲不辞劳苦,一方面带领师生振奋精神搞好教学,另一方面终日亲自

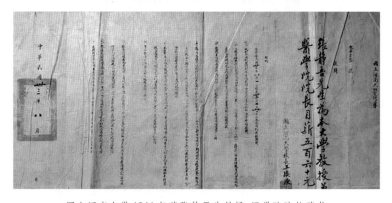

国立河南大学1944年聘张静吾为教授、医学院院长聘书

为求诊者治疗,甚至在汽灯下为患者做外科手术。1944年5月,日军突然侵入嵩县潭头,当时父亲正给学生教课,来不及撤退,十几名师生被日本人杀害,父亲的前妻吴芝蕙惨死在日本人的刺刀下,堂兄张宏中也被日本人刺成重伤,父亲在被日本人抓去的路上,宁死不做亡国奴,趁日本人不注意纵身跳入山沟,被山中树枝挡住,后为百姓搭救,虎口余生。这是历史上震惊全国的"河南大学潭头血案"。

1948年河南大学在苏州办学期间,由于校长姚从吾辞职,学校不得不临时成立三人领导小组,父亲和郝像吾、马非百一起稳定了局面,使得河南大学的教学科研活动得以正常进行。1950年中央政府任命父亲为河南大学医学院附属医院院长。

新中国成立初期,百废待兴,河南大学医学院急需师资人才,父亲亲自到江西、上海、南通等地招揽十多位高级教授和专家到河南大学医学院工作,为河南大学教学质量和医学发提供了坚实的师资力量。1956年河南大学医学院筹备迁往郑州,父亲邀请留德博士高级工程师李赋都一起设计病房大楼,他参考了当时国内外医院设计特点,做出集中式设计,并获得全国

河南医学院内的张静吾塑像

医学院的优秀设计奖。1956 年国务院总理周恩来任命父亲为河南医学院副院长。

回顾河南大学医学院的发展和父亲的阅历，在每一个重大的历史时期，都凝聚着父亲的心血与付出，并且起到了关键的作用。父亲的命运和一生都与河南医学院息息相关，为医学院的发展呕心沥血。鉴于父亲对河南医学院的贡献，2018 年为纪念河南医学院建院 90 周年，在行政大楼前树立了张静吾的大理石塑像，以史为鉴，以史明志，开拓进取。

1979 年后，父亲当选为河南省政协常委、民盟河南省副主任委员、中华医学会河南分会常务理事等职，以八旬高龄继续为医学事业做贡献。1998 年，父亲因病去世，享年 98 岁。

一百余年来，岁月沧桑，历经磨难，曾经的河南留学欧美预备学校，现河南大学巍然屹立于滔滔黄河之滨，古都汴梁东京，竞争于新时代的世界著名大学之林，那斑驳脱落风韵犹存的一百余年的贡院碑和河南大学校舍总使人萦怀，闪烁在眼帘，难以忘怀……

2022 年 4 月 21 日

永远善良美丽的母亲

张宏时　张宏锦　张宏改

在父亲《九十年沧桑》一书即将问世时,我们想借此表达对母亲毋爱荣的深深怀念和敬意! 她虽然没有父亲那样的名望和伟业,然而作为妻子、母亲和医生,她的善良,她的无私,她的执着、坚韧、宽容——让人记忆犹新,回味无限。歌德曾赞叹道,不朽的女性引导我们不断前进! 母亲一生帮助、影响了周围许多人,她虽然去世十余年了,我们仍常常追溯她天使般的身影……

人是环境和教育的产物。母亲来自基督徒的家庭,外公毋振明是牧师。20世纪30年代,他和来自美国的文道辉牧师(David Vikner)在河南禹州共同创办了基督教信义会教堂,他到处讲道,传播主的福音,是当地颇负盛名的牧师。母亲和两个弟弟毋信喜、毋望远(即我们的大舅和二舅)就是在"教会"这一基督文化环境中成长起来的。姐弟三人从小参加教会的唱诗班,都会弹钢琴,更会讲流利的美式英语。三人的名字"信、望、爱"也来自圣经。母亲的爱心、宽容、忍耐等品德都渊源于基督文化的熏染。

作为长女,母亲很早就担负起支撑家庭的义务,她的无私在那时就表现出来。她自己书读得好,品学兼优,而当时家庭拮据,无力供养三个读书的学生。她没有直接考大学,而是在许昌一家教会中学教书挣钱,来支持两个弟弟完成学业。为此母亲整整延误了五年才进入大学。同届大学同学常称她"毋爱荣学长"。

据同辈人讲,母亲在河南大学医学院读书时,是才貌出众的女子。她心灵手巧,聪颖过人,还是学校的体育运动健将,是同届学生的佼佼者。毕业时学校留下她任教。按当时学校规定,留校任教的学生必须为前几名。与她同留校的同届毕业生还有张延荣、王庭桢、张任等。

当母亲在武汉毕业实习期间,河大同事王雨尘和党玉峰作了月下老人,在母亲与父亲间搭桥,欲促成其婚姻。当时基督教信义会的人已为我母亲联系好到美国深造,何去何从? 据父母的朋友讲,我父亲当机立断,立即去了武汉,坦诚表露他的爱意,说服母亲放弃了留学,与他成了家。日后看到母亲因父亲遭受重重磨难,每每谈起此事,都会说上一句,"当初若去了美国,就什么事儿都没有了,何遭此罪?"母亲也总是玩笑般地回答道,"若去了美国,怎么还会有你们三个?"

父亲和母亲的婚姻在河南医学院及亲戚朋友间是一美谈。他们相濡以沫,渡过50年金婚,几乎从未吵过架、红过脸。在"三反、五反""反右斗争""文化大革命"等历次运动中,父亲一次又一次受到冲击,党组织也三番五次让母亲与其划清界限,甚至劝其离婚,母亲心中坚定如磐石。她深知父亲的品德和为人,默默忍受了生活中巨大的变化,支撑了这个家,让父亲没有倒下。

她的牺牲和忍耐何止这些! 1957年父亲被打成右派后,河南医学院从开封迁往郑州。不巧的是母亲这时生下弟弟宏建。弟弟生不逢时。当时父亲正挨批斗,我们几个年龄小,正在上小学,家里的保姆也被赶走,需照顾的弟弟必须送托儿所。妈妈是小儿科主治医师,门诊、病房都要兼顾,下班后还要去"炼铁厂"尽义务。我们常常看到母亲下班回来时满脸疲惫,力不从心。弟弟感冒了,第二天照样送托儿所。母亲在医院抢救了无数个孩子,却忽视了自己的孩子! 弟弟宏建十个月大时,因肺炎延误入院,急救无效夭折了。可怜的弟弟!

母亲在我们心中既是慈爱的妈妈,又是称职的医生和医学教育者。毕业留校后她一直从事小儿科的教学和临床工作,从助教、讲师、教授一直到儿科专家一步步走来,一生兢兢业业。常常看到她做好饭还未来得及吃或饭吃到一半儿而被人叫去抢救孩子。有时病人登门求医,她也毫不嫌弃地在家里为他们诊治。她还经常以专家的身份参加医疗队,到农村巡回医疗,经她的手挽救了无数孩子的生命。她在《中华医学》杂志发表了数篇论文,年轻时经常为外国专家作临场英文翻译并笔译了数篇国外医学资料。母亲是河南医学院小儿科元老之一,为医学院儿科的发展做出了重要贡献。退休以后她又接受返聘,专门从事"儿童多动症"的诊治和研究工作。

父亲的前妻被日寇杀害,母亲深深理解和尊重父亲与前妻的感情。她细心保管好父亲前妻的重要遗物,从不许我们乱拿乱动,还经常给我们看她的照片,讲她和父亲的故事,亲切地称她为"你们的第一个妈妈"。20世纪80年代,她与父亲嘱托四伯张宏中到河南嵩县潭头父亲前妻遇难的地方将其遗骨移至郑州火化,火化后还让全家合影留念,了却了父亲的终生遗憾。

受到母亲帮助最大的是我的舅舅毋信喜。"文化大革命"前他被打成历史反革命,遣送至老家禹县,"文化大革命"时再次受冲击,关进监狱数年。出来时已奄奄一息,妻离子散,无家可归。母亲毫不犹豫地担当起供养他的责任,每月从她工资中拿出40元寄给他(当时是一大学毕业生的月收入)让其生活、养病,坚持数十年,直到20世纪80年代初舅舅重新被起用,成为郑州航空学院的英文教授。舅舅毋信喜告诉我们,没有母亲,就没有他后来的生命。

母亲一生总是为别人着想,她的"克己"是大家公认的。每当饭桌上看到大家都喜欢吃的菜,她便不动筷子了。每逢吃鸡鸭鱼肉,她总是吃别人不喜欢的鱼头、鸡爪、肉皮之类的。她惦记着家里每个人的生日,却从不告诉别人她自己的生日,以至有多少次,大家总是忘记给她过生日。

母亲像千千万万的母亲一样,是平凡的,但在儿女们心中,永远是特殊的、伟大的。在每个人的成长过程中,母亲的影响总是刻骨铭心的,无论是高尔基的《母亲》《林肯的母亲》,还是普通人的母亲,都是如此。不记得她给我们说教过什么至理名言,她留给我们的尽是生活、工作中的点点滴滴。她用"爱"温暖了我们的心,也希望我们用"爱"温暖整个世界。

2005年5月母亲节

《九十年沧桑》读后

翟平安①

一、这是一本标准的写实自传，用平实的笔法，写出作者在医学界辉煌的成就，以及坎坷经历。

二、作者虽然遭受人所难以忍的迫害，但他为振兴医学济世救人的职志，却毫不退缩，那一颗为医学贡献火热的心，从字里行间可以感到。

三、最平凡的事就是最伟大的事，作者以自己是平凡人，但他的人生目标和无私的奉献，却是最不平凡的。因为多少平凡的人，受到他不平凡的栽培照顾，这是人性中的至善至美。

四、摘掉右派帽子后，作者像久被压抑的火山，热力突然爆发，用激动的笔触针砭当时社会的病因，也提出了具体可实现的方法，他的一颗心，始终是站在大众这一边的。

五、由他的各项建议，可以看出他高瞻远瞩的智慧、正直的个性和不断呼吁并力行的毅力，河南医学能有今日的成就，作者是居功至伟的。

六、作者文化修养深厚，对儒学体认尤深，时时以"为生民立命"为职志督促弟子，不但是有医技能力，而且更应具备儒学的广博知识与修养及济世活人的胸怀，以期子弟们成为儒医非"医匠"，此种灼见，是当时学习近代西洋医学者之中所少见的。

---

① 翟平安，教授，河南省嵩县人，国立武汉大学毕业，在台湾从事教育工作40年，退休后移民美国，现居洛杉矶，为美西河南同乡会理事，并主编同乡会之刊物《豫洛之声》。

张静吾先生纪念碑文

——登载于 1998 年 11 月 28 日《河南日报》

李铁城①

> 张静吾先生系河南医科大学创办人之一,为我国著名医学教育家,一生为我省、我国医学教育做出巨大贡献。先生于不久前病逝。今年为河南医科大学建校 70 周年,本报特发李铁城先生为其撰写的纪念碑文以为纪念。
>
> ——《河南日报》编者

先生原名凝,字静吾,以字行。1900 年生于巩县北瑶湾。18 岁毕业于河南留美学校德文班。时军阀混战,民不聊生,遂立志习医以服务于社会。19 岁东渡日本学医。五四运动起,积极参加游行,声讨北洋政府卖国行径。20 岁插班入上海同济医工专科学校。22 岁赴德国哥廷根大学学习临床医学,曾与朱德、孙炳文、邓演达等进步人士相过从。"五卅"惨案时曾公开演讲以正视听。26 岁获德国医学博士学位。27 岁返国后,以军医参加北伐战争。而后,在北京德国医院任医师。1928 年返豫,以高瞻远瞩之卓识力陈开设医科之必要,河南大学遂创设医科,开我省西医教育之先河。1934 年

---

① 李铁城,笔名李若素,河南省新密人。1936 年出生,著名诗人,作家,碑碣创作家。曾任《莽原》杂志主编,《河南文化志》等主编。警世之作《新道德经》在《淮海文汇》发表后在社会上引起强烈反响,《祭炎帝文》被选为人民教育出版社出版的高中语文课本,现任河南省文史馆馆员。

任河大医学院教授兼院长。增聘教师,开设门诊,添置仪器,兢兢业业,惨淡经营。1937 年转同济大学,筹组教学医院。"八一三"战起,敌焰嚣张,先生爱国心切,遂任军医署第一重伤医院院长,随军撤退至昆明,数千里跋涉,恪尽职守,艰苦备尝。1940 年任军医学校教官并执行附属医院院长职务,整修教室,增添病床。1943 年年底复返河大医学院任院长。洛阳危机,率校迁徙,颠沛流离,妻亡侄伤,九死一生。1948 年坚守大陆,迎接解放。新中国成立后先后担任河医第一附属医院院长、河南医学院副院长,积极筹备迁郑事宜。其间,曾任中华医学会理事并兼任河南科联副主席等职,1998 年病逝。

呜呼,先生与世纪同龄,一生饱经忧患,遍历坎坷。早年立志以医报国,当其游学异邦,务以维护民族尊严为务;伺后日寇入侵,千里奔亡;宁逃而死,不降而生,虽家破人亡而忠于职守,献身教育之志不泯;新中国成立后,学有渊源,本可大有所成,然左祸横逆,频招无妄之灾,二十余年光阴付诸东流,然爱国重教之心犹坚。虽入耄耋,犹坦诚建言,殷殷以教育为念。综其一生,耿介清廉,求真务实,待人以诚,爱国敬业,循循善诱,不失学者仁人之风范,长葆爱国志士之情怀。数十年如一日,为我省、我国医学教育做出巨大贡献,堪为后人师表。特为之记,以期后来者勖勉焉。

张静吾故居

张静吾(1900—1998),原名张凝,巩义市站街镇北瑶湾人。1918 年毕业于河南留学欧美预备学校(德文班)。翌年留学日本,积极响应五四运动,参加留日学生反对中国驻日公使卖国活动。1922 年,赴德国哥廷根大学学习。1926 年获得医学博士学位。是年冬回国,参加北伐战争。1928 年到北平德国医院工作。1931 年,他愤于洋人对国人的歧视毅然辞职,到河北医学院任教授。

1934 年,任河南大学医学院院长兼内科教授。1937 年,到上海同济大学任教授,"八一三"沪战爆发,学校医院均毁于炮火,遂受命在上海筹办临时伤兵医院。因上海危急,他即率 100 余人到江苏胥口镇,以同济大学名义承办军政部第五重伤医院,一个月内收治伤兵 600 余人。

1943 年,他再次任教河南大学。时,河大已迁嵩县。翌年 5 月,日军进犯洛阳,医学院由县城迁往潭头镇校部,其夫人在日军袭击中惨死,他在危急中跳下深沟逃脱。日本投降后他随校返开封。1947 年,任医学院教授兼河南省卫生厅厅长。1948 年随河大迁苏州,不久又随河大迁回开封。

1956 年河南医学院迁郑州,他负责筹建新校舍,同年任副院长。1957 年被错划为右派,"文化大革命"中饱受磨难。古稀之后,他翻译肝炎和神经科资料近 100 篇,编著有《临床神经病学》,译有《临床神经病学基础》和德国《神经病学教科书》。

中共十一届三中全会后,右派问题得到改正,复任医学院副院长,当选政协河南省委员会常委、民盟河南省委员会副主委、中华医学会河南分会常务理事。

文选自《郑州名人故居》

巩义市政协文史资料委员会　吉文辉提供

张静吾年谱

李铁城　编写

1900 年　7 月 27 日出生于河南省巩县兴仁沟祖宅。

1911 年　随兄张长庚到县城高小读书,数年后随父到兰封县署内由聘请的胡宗宿先生教中文。

1913 年　冬考入河南留学欧美预备学校德文班。

1919 年　由北京大学蔡元培校长介绍入北大文科学习不到一月,因性不近文,随同学郭垚去日本学医。参加留日学生的五四运动。

1920 年　夏回国入同济大学学习。

1921 年　医学基础课考试获优等。

1922 年　夏赴德国入哥廷根大学。

1924 年　冬转慕尼黑大学。

1925 年　又回到哥城,参加"五卅"运动,发表演讲。

1926 年　通过毕业考试,获德国国家医学博士学位,冬通过莫斯科回国,因满洲里盘查极严又折返德国。冬由马赛登船返国,年底回到中国。

1927 年　夏建议河南中山大学校长凌济东办一医学院。后建立。在国民革命军第二集团军第八方面军医院任副院长。

1928 年　年初到前线,被派往上海采购医疗器材,返回患伤寒病。病愈后 7 月赴北京入德国医院任医生,建立化验室。

1929 年　与吴芝蕙结婚。

1931 年　到河北医学院教授内科学。

1934 年　因父病返汴,不久父病故。应河南大学之聘为河大医学院教授兼院长,其间选四名毕业留校生到京、沪进修。先后两批八名。

1936 年　向中英庚款委员会请求补助费 150 万元购置设备。

1937 年　1 月到同济大学兼任上海市中心医院内科主任。"八一三"抗日战争爆发,投入救治伤员。向军医署长张建建议成立重伤医院,并被委任为第一重伤医院(后改为第五重伤医院)院长。随医院辗转苏州、芜湖、南昌、吉安(时同济大学亦迁到江西)、昆明。

1940 年　安顺军医学校任内科教授兼附属医院院长。

1943 年　冬河大医学院电邀回河南,12 月抵嵩县。任院长。

1944 年　逃难途中妻被日寇杀死,侄被刺伤喉管。赴西安为侄治伤,时在军医分校讲授神经精神病学。

1947 年　与小儿科医生毋爱荣在汉口结婚。夏,任河南省卫生处处长,春节过后辞职,携侄赴南京治病,亦辞去医学院专职,田培林离任河大校长后,被推选为三人小组并主持河大校务。南迁苏州,拒赴台湾。

1949 年　6 月由苏州回到开封。

1950 年　国务院任命为河南大学医学院附属医院院长,到上海邀请各教授到河医任教。

1952 年　"三反、五反"运动中被冤贪污软禁。查清为不白之冤,后无罪获释。

1953 年　让出内科主任一职,只教神经系统疾病学。

1956 年　国务院任命为河南医学院副院长。

1956—1957 年　医学院迁郑,与程耀吾、杨永年一起分工负责建校事宜。

1957 年　被错划为右派。

1958 年　在神经内科看门诊。

1960 年　参加政协组织的右派赴京参观团。

1963 年　赴京参加中华医学会理事会。夏带全家赴京探亲。

1966 年　"文化大革命"中被抄家。

1968 年　到鲁山县张良镇接受再教育。

1969 年　夏初由鲁山返回郑州,在门诊负责叫号,维持秩序。

1970 年　调临汝县温泉工作。

1974 年　回郑州。从事编辑与翻译工作。

1977 年　12 月 31 日被摘去右派帽子。

1978 年　春赴京探望亲友。夏自编神经科教材。改正右派错案,10 月份起发工资,恢复原级原职务。

1980 年　恢复了中国民主同盟省委常委,改选时被选为省委副主任委员。任命为河南医学院副院长。

1981 年　任为河医学报主编。11 月为省地方志编委、河医院志主编。10 月参加民主党派参观团到葛洲坝参观。1979 年后在各种会议提出各种有关教育改革、医学教育改革的建议。

1982 年　1 月 31 日提出退休申请。

1985 年　胆囊炎手术。12 月所译之西德出版的《神经病学》出版。

1986 年　7 月参加省政协组织在郑的常委赴北戴河避暑。

1988 年　省政协换届又被选为常委,5 月 1 日建校 60 年大庆。

1990 年　90 岁诞辰,有关部门组织隆重祝寿会。

1992 年　患脑血栓。

1998 年　8 月 14 日病逝。

张静吾

——摘自《中州名人录》

党春直　邓　莹　撰稿

　　张静吾,学名张凝,河南省巩县人,1900 年(清光绪二十六年)秋出生。因家住洛河入黄河口处,故祖辈以上从事水运,至其祖辈,始以读书试第。其父张镜铭(号霁若)在清末以秀才考得官费留学日本,毕业于宏文学院师范科,回国后即在本省筹划和督办新兴的中小学教育。

　　张静吾 11 岁时,到县城高小读书。1913 年冬,考入河南留学欧美预备学校德文班,受到五年严格的中学教育。1918 年,从该校毕业后,时逢军阀混战,瘟疫四起,缺医少药,民不聊生。因他素性求实且喜看医书,加之当时科学救国思想的影响,便立志学医以服务于社会。

　　1919 年春,张静吾东渡日本学医。途经朝鲜,看到朝鲜人民遭受的亡国之痛,使初出国门的他激发了强烈的爱国情感和民族自尊心。抵达东京不久,他即参加了与北京相呼应的东京留学生"五四"爱国运动,上街示威游行,不顾日警的棍棒阻拦,愤怒声讨驻日公使章宗祥的卖国罪行。他在东亚预备学校补习日文一年后,考上了东京医专。在检查身体时,因言语误会,不愿受日本人歧视,愤然回国。

　　1920 年夏,到上海同济医工专科学校(德国人创办,中国接办后改为同济大学)插班学习。1921 年冬,以优秀成绩从该校医学基础部毕业。

　　当时,同济医科师资缺乏,教学设备简陋,除挂图标本外,几乎什么也没有,课堂上主要靠教师照本讲解。张静吾感到在此难以学好临床课。由于第一次世界大战后的德国,在医学、工程机械方面仍处于世界领先地位,且战后马克贬值,留德费用也较前便宜,张静吾家此时经济状况尚称宽裕,他便决定自费到德国留学。

1922 年夏,张静吾赴德国哥廷根大学医学院学习临床课程。途经香港、越南、新加坡等地,耳目所及,使他深切感受到英法帝国主义对殖民地人民的奴役和歧视,心中再次激发起强烈的爱国之情。

哥廷根是一大学小城,位于汉因山西麓,山水环绕,风景秀丽,环境幽静,是求学的良好之地。哥廷根大学在自然科学和医学上素负盛名,因同济大学为德国政府承认,张静吾可以免考注册。他在此潜心攻读,受惠于各名师的传教。不少老师渊博的学识和良好的教学方法对他立志于医学教育产生了很大影响。每届暑假,他就到大学医院外科、妇产科、病理解剖等科见习,提高临床应用知识。

在哥廷根学习三年后,他转到德国南部的巴燕省慕尼黑大学学习,并到莱比锡、柏林等地听一些世界著名的胸腔外科鼻祖和妇产科、内科等教授的课,以求转益多师,开阔视野。

1925 年夏,张静吾返回哥廷根大学,用四个月时间,以优异成绩通过了12 门课程的毕业考试(亦称国家考试)。考试皆为口试,在考神经病学时,舒尔茨(Schultz)教授因他思维敏捷,对答如流,有意留他当助教。他认为当时神经科治疗效果慢,精神病诊断缺乏逻辑性,便以对神经病学没兴趣谢绝了。接着,他又用半年时间完成了博士论文,经过答辩,获得医学博士学位。此后,他到汉堡大学医院内科学习,不久因家庭经济关系准备回国。

在哥城学习期间,张静吾结识了许多老一辈的革命家,如朱德、孙炳文、武剑西等,政治思想上受到一定影响和启发。1925 年上海"五卅"惨案发生后,哥廷根大学中国留学生开会谴责帝国主义,张静吾在会上发言说,上海惨案是反对帝国主义运动之一,不是排外,这个运动大有世界意义。受到与会的朱德和其他进步同学的称赞。随后,他又与同学及一些德国共产党人上街散发反对帝国主义的传单(新中国成立后,张静吾把这两次活动与朱德等革命家合影的照片赠给了中国革命历史博物馆)。不久,柏林新同学会又邀请他到德国的两个工业大城市布郎斯维希和斯图加特,利用德国共产党人召集群众大会的机会讲演宣传,深受欢迎。

留德期间,张静吾处处以中国人的自尊处世接物,勤奋学习。他认为不能让外国人看不起,不能丢祖国的人,无论对老师,还是对同学、病人,总是小心谨慎,彬彬有礼。他在房东家住宿几年,每晨衣服不穿整齐从不出卧房门。他与房东的关系也十分融洽,老房东 Steinbaih 去世前给家人留下话说,张先生一日不离开哥廷根,就让住在我们家里。

1926 年年底,张静吾经法国马赛由水路回国。

立志医学教育

回国后,因时局动荡,张静吾一度困守家乡。然目睹政府腐败,经济困难,科学教育落后,心中深以为忧。1927 年夏,他以医师身份,向河南中山大学校长凌济东建议添设医科,以培养医学人才,造福乡梓,惜未被采纳。

1927 年冬,他参加北伐军,在冯玉祥第二集团军第八方面军刘镇华部军医处工作,后任总指挥部医院副院长。

1928 年 7 月,张静吾赴北京谋求工作。他离开哥城回国前,认为自己毕业后的临床实习时间较短,临床知识欠缺,中国与德国的诊疗可能有所差异,便请哥廷根大学医学院院长给在中国的德国人所办医院写了一封介绍信,以便他回国后能继续临床工作。当时,德国人在北京办有一所医院,但因北伐战争,交通梗阻,未能前往。事隔两年后,张静吾持信前往,该院狄博尔(Dipper)院长阅信后当即允许他到医院工作。因该院受德国驻华大使管辖,请准后,代理大使菲舍尔(Fischer)对张静吾说:"你是德国医院第一位正式中国大夫,你的工作对中德文化交流起着桥梁作用,希望你好好干。"

这所医院纯属营业性质,技术条件差,设备简陋,没有化验室,也无人写病历。张静吾对此向院长提过意见,但被推置。张静吾在该院主要做内科工作,也兼做外科手术助手,同时将化验室建立起来并主持其工作。待他离开这所医院时,化验室已能制造治疗用的疫苗,开展了许多临床化验项目,化验数值与医疗设备条件较好的协和医院相比,基本一致。其间,德国医生到北平大学医学院教书,他为之当翻译,并到北师大生物系兼生理学讲师一学期。

1931年,张静吾应河北医学院之聘,任内科教授兼内科主治医师。

早在留德期间,张静吾就萌生了回国后从事医学教育的想法。他认为挂牌开诊所,只是个人行医赚钱,与教书培养众多医生相比对社会的贡献不大。自己虽非官费出国留学,但对社会和教育的责任是一样的,应该对国家的医学教育做出贡献。因此,他即接受河北医学院的聘书,以极大的热情投入教学工作。

张静吾一开始就积极主张并采用声像教学法,即演讲和示教并用,常以病人实例或诊断化验实物、病理标本在课堂上示教,使学生易懂,也易接受和记忆,并经常联系基础知识,提出问题,启发学生思维。其教学效果很好,深受学生们的欢迎。

在河北医学院的三年中,他讲授内科全课程两遍,又参考德文多玛路氏(Domarus)的内科概要,结合自己临床经验,编写了一套适合本国教学情况的《内科学讲义》,供学生使用。

1934年夏,张静吾因父丧返沪,遂被河南大学聘为医学院教授兼院长。河大医学院此时尚处创办阶段,师资贫乏,设备简陋,经费短缺,其他部门时有掣肘。为河南医学教育着想,他认为既不能突飞猛进,亦不能裹足不前,只有以时间换取发展,把医学院逐渐办成小而精的医教部门。

除每周讲授三节诊断学外,他把全部精力用于学校建设上。当时的附属医院只是两个四合院平房,学生实习极感困难。因此,他首先筹建起门诊房一所,面积约2000平方米,内设各科诊察室、药房、化验室、X光及理疗室等,使学生有了实习场所。那时医学界的师资,全国普遍缺乏,他不辞辛苦,多方联系,增聘到耳鼻喉科和外科教授各一人,并先后选送八名助教到京、沪条件较好的医学院校进修。为适应医学基础课的发展需要,增建了细菌学馆和病理学馆。1936年,他又赴南京,向中央庚款委员会请准补助费15万元,此款分批拨给,以其一部分添置了临床各科和基础部各学馆所需图书和仪器设备,并兴建起可容病床120张的病房楼一座。

在张静吾的励精图治下，河大医学院迅速发展，致使教学、医疗、学生实习逐渐纳入正规，各方面情况与抗战前的全国兄弟院校相比，并不逊色。

在河大医学院工作期间，张静吾愈加坚定了从事医学教育的信心和事业心。他留学多年并在德国医院工作过，当时的时代与环境，使他深切体会到中国人受人歧视的滋味。中国人应该自己办医学教育，用中国话教学，用中文教材，但并不放弃外语学习和学习外国的先进医学知识。因此，当他投身于医学教育后，无论教学还是行政管理，都尽可能倡导并吸收国外技术精华自编教材，以达中国医学教育的独立和自主。

辗转奔波　救死扶伤

1937 年 1 月，应上海同济大学之聘，张静吾赴该校医学院教内科并兼任其教学医院上海市中心医院内科主任。他想在较好的环境和条件下，与志愿相投的同仁一起，将同济大学医学院办成全国的医学教育中心，一展宏愿抱负。然而，宏图行将铺展，日寇大肆侵略中国，"八一三"战争开始，校舍及医院均毁于炮火，这一开端性的工作顿成泡影。

张静吾每站在上海租界一栋六层楼上，眼望黄浦江周围一片火海，心中激愤难平。遂应校长之命，在小沙渡路负责筹办一临时伤兵医院，救死扶伤，投身抗战。在上海工商各界群众的大力支持下，一周内即将 120 张病床的伤兵医院筹备妥当，开始收容伤员。

出于强烈的抗日救国之心，张静吾感到从东北到淞沪，战线如此之长，军医人员必感不足，为了战时增加救死扶伤力量，他专程奔赴南京，向军医署署长建议建一重伤医院。这个建议遂被采纳。1937 年 9 月间，张静吾即奉令率百余名医护人员，深夜冲出战壕，前往苏州，以同济大学名义承办军政部第五重伤医院。院址设在太湖边胥口镇，一个月内就收容伤员 600 余人。当时很快就成立了 12 所重伤医院，河大医学院承办的是第 11 重伤医院。

随着战事的变化，张静吾又率医院全体职工，由苏州过太湖，经宜兴、芜湖、九江、南昌等地，历尽艰险，撤至江西吉安。这时，同济大学亦由浙江金华迁往江西赣州。张静吾在南昌与同济大学校长会晤后,校长让他负责筹备留在上海的同济医学院临床部师生迁至吉安复课一事,并以第五重伤医院为实习基地。在勘察院址时,张静吾跌马受伤,便辞去了重伤医院院长职务,全力筹迁医学院复课一事。

1938年春,筹备就绪后,同济医学院临床部师生迁至吉安复课。入夏不久,广州军情紧迫,同济大学校务会推选张静吾等三人赴广西勘察新校址,立足未稳,因广州失守,又向昆明迁移。

同济大学抵达昆明后,零星分散于18处之多。张静吾在翠湖公园附近的一家祠堂内筹办了门诊部,设置了教室,使同济医学院学生得以开课就学。

目睹同济大学在昆明的诸种情况,难以安定教学,开展教育,1940年年初,张静吾便应军医学校教育长张建之邀,赴贵州安顺军医学校(国防医学院前身)任内科主任教官兼代附属医院院长。

安顺远离前线,环境安静,军校上下,同心同德,致力医学教育。张静吾感到战争期间军事第一,培养军医至为重要,到该校后,便把全部精力用于教学和筹建及管理医院工作上。他主讲内科神经病学和部分内科临床。附属医院筹建于安顺府文庙中,利用学校经费和地方的公私捐助,整修旧房,扩建两座普通病房,床位达200余张,并设有结核病房和隔离病房。门诊和病房除对部队伤病员外,亦收当地群众就医。医院还建有阶梯教室,临床各科均能以病人示教讲课。1942年军校40年校庆时,设在贵阳的中国红十字会医疗队到校参观,一致称赞医院办得好。

1943年春,迁至嵩县的河大医学院电邀张静吾回河南主持工作。虽多年奔波在外,但张静吾心中时常惦念家乡医学的发展,于是,他坚辞各职,于是年冬经陕西汉中回到嵩县。

河大医学院设在嵩县城内,环围皆山,峰峦相叠,给人僻静安全之感。张静吾任内科教授兼医学院院长,就职后,他便鼓励师生振奋精神搞好教学。根据现有条件,整理了图书室,使大家有书借读;提倡声像教学法,启发学生智力;改善医院工作,开创了疑难病症讨论会;勉励学生要坚持学习,接受教师的严格要求。由于他的严谨治理,医学院久居山中的沉闷气氛有所改变,清晨傍晚,山麓河边,学生们常常手执一卷,苦修不厌。

1944年5月,日寇进攻洛阳,逼近嵩县。迁移途中,敌人即临近河南大学所在地潭头镇,学校事前毫无计划和布置,张静吾因人地两生,即携家眷和几个学生,先躲避村中,次晨向山中逃避时,与日寇相遇被俘。其夫人吴芝蕙女士惨遭杀害,其侄张宏中被刀刺伤食管,伤势严重,几个学生乘机跳入井中身亡,张静吾跳入深沟,幸得脱险。突遭家破人亡之祸,张静吾教授悲伤逾恒,因为侄治伤,暂时脱离河大,迁至西安。

重振河医　拒绝赴台

1945年8月日本投降后,张静吾携侄于冬季回到开封。

战后的医学院旧址,已是一片荒草废墟,且几经搬迁流徙,医学院的教学设备、图书仪器损失惨重,几乎一贫如洗。为重振河医,早日开学,张静吾殚精竭虑,昼夜奔走,筹措多方,先后得到了英国救济会李约瑟博士拨赠的100万元,河南救济分属拨给的一批医疗设备及药品并借款2000万元,得以修复校舍,补充仪器设备,购置药品器械。张静吾性主求实,遇事决定后即起而行之。1946年春,医学院正式复课,附属医院亦开始诊疗收治病人。学校恢复之快,深受各方赞誉。台湾出版的《国立河南大学》一书中也写到当时河医情况:"复员后之河大医学院,仍由张静吾博士主持,力图发展,并有河南救济分署之支持,一切进展,甚为神速,举凡图书之添购,仪器之增设,各学馆之充实,均在逐渐完成……关于附属医院之筹设,张静吾先生全力以赴。附属医院仍以战前原址,大加整修,举凡医院设置,均为张院长亲自主持设计……后为便于民众就诊计,特于开封最繁盛之鼓楼街产校内,增设门诊部,由张静吾先生在此主持内科门诊。由于医师优良,诊断正确,求诊者络绎而来,病房经常客满,在当时极负盛誉。"

1947年,迫于形势需要,张静吾辞去医学院院长职务,短期出任河南省卫生处长,仍为医学院教授,照常给学生上课。

1948年6月,开封第一次解放时,张静吾家曾落一大炮弹,侥幸未炸。

第二次解放前河大迁徙往苏州时,张静吾并不赞成医学院再次移迁,但被校长一再电召,只得前往。当年12月校长赴台,学校无人主持,河大教授会推选张静吾为"三人维持小组"成员之一。

苏州解放前夕,张静吾的同学受赴台亲友委托,专程由台湾返回,邀其去台,并保证所有生活费用和职务安排。张静吾早在国外时就对共产党有了初步认识,绝不相信国民党的歪曲宣传。他想,抗日战争期间,自己宁愿跳沟身亡,也不愿为日本人所用,保持了中华民族气节,在此国内解放战争中,岂能远逃?虽随河大迁到苏州只是躲避炮火而已。他坚决拒绝赴台,毅然留在祖国大陆,等候解放。

南聘教授 筹建河医新址

1949年6月,张静吾随河大返回开封。为从思想上适应社会主义新型大学的要求,他先参加了河大为从苏州接回的教职人员举办的政治研究班。月余后,被调出任医学院附属医院院长。

1950年年初,河南大学派张静吾赴上海聘请教授。张静吾从事医学教育多年,精明能干,成绩斐然。且性格豁达厚朴,待人以诚,在各地医学教育及医疗的同学同事中有一定声望。他奔波于上海、南通等地,多方周旋协商,两月后,即为河南大学发出十多份聘书,其中以医学院教授为多,余为农学院和理学院教授。同时,又向上海医学院和同济医学院借聘了几位教授,从而壮大了河南大学的师资队伍,为河南医学教育和其他学科的发展,提供了重要基础和条件。

新中国成立初期,张静吾教授仍兼医院内科主任,每周查房一次。当时,内科有几位普通内科基础相当好的医师,他认为医学院的医生要发展进步应该有所专长,便让他们自选专业,努力进取。

1952年以后,学生名额扩大,病人亦日渐增多,原门诊房在诊疗和学生实习上,显得拥挤不堪。张静吾教授奉医学院委派,赴武汉中南卫生部面述需要,申请拨款。请准后,于1955年建成一座较大的工字型门诊楼,一部分用于扩充门诊,一部分用于扩大外科病房,使附属医院连同五官科病房、结核病房、儿科病房以及妇产科医院的病床数,达至 300 余张,保证了学生实习所需。

1955 年,河南医学院奉命随省府迁往郑州。学校派张静吾负责筹建新校舍。他对基本建设素感兴趣,且有实际经验,便积极投入这一创造性的工作。他和同事们先到北京、天津、保定参观一些医院新建筑,在卫生部又参考了各地新建医学院的设计图纸,经过向有关专家商讨请教,对整个新校址的建筑决定采用集中型的建筑方式。张静吾教授主要负责附属医院的筹建,1956 年开始动工。为百年大计,从医院设计到施工,他日夜考虑,精心计划,力求合理使用并保证质量。他向设计工程师提出两项要求:病房须有阳台和进入病房楼看不见楼梯,均被采纳。为病房安装暖气一事,他特地访问了气象局,作了专案申请。由于操劳过度,致使他突发了冠心病。

1956 年,张静吾被评为二级教授。同年,被国务院周总理签发任命为河南医学院副院长。

身遭迫害　跟党不移

1957 年,张静吾被错划为右派,受到极不公正待遇。

尽管精神上受到很大委屈,他仍然挂念着迁郑新校舍和医院的施工情况。

1958 年,河南医学院迁郑后,张静吾被派到附属医院神经科看门诊,长达十年之久,未曾口出怨言。他想的是,一个人渺小得很,受点委屈算不得什么,只要国家社会能搞好,能前进,牺牲了个人也没关系。表现了一个老年知识分子的高尚品德。

1966 年"文化大革命"开始后,张静吾遭到残酷迫害,身心倍受折磨。在最困难的日子里,他常以"欲除烦恼需无我,历尽艰难好作人"的词句勉励自己,始终不泯对党和医学教育事业的希望和信心。

1974 年春,张静吾从临汝劳动回到郑州后,主要从事翻译和编辑工作,他陆续翻译了几十篇关于肝炎和神经科方面的德文文献资料,并着手编辑《临床神经病学》一书。这是医学院神经科第一部自编教材,张静吾付出了很大精力，从整理稿件、拾遗补阙、精选插图、直到印刷校对，无不亲自过目动手，整整花费了一年多心血。

不懈余力　尽瘁医学

1976年，十年动乱结束后，张静吾以古稀之年，重又抖擞精神，为河南医学教育的发展，倾心竭力，尽其所能。

1977年至1978年，他翻译了十余万字的德文《临床神经病学基础》一书，1979年至1981年，他又翻译了联邦德国亚琛科技大学的《神经病学教科书》，约50万字。于1985年由河南科技出版社出版发行。

1979年春，党组织为张静吾平反，恢复名誉。他的心情十分激动，对省里有关负责同志说："历史上受冤屈的好人多了。我虽然受点委屈，但我还活着就好。我总是想个人的事小，国家社会的事大。我什么都不可惜，最可惜的是20年中没做什么教学科研工作。人生能有几个20年啊！况且是年富力强的时期。过去就让它过去了，正如周总理说'要往前看'，只要我还活着，我仍然努力对社会主义建设做出自己的贡献。'老骥伏枥，志在千里。烈士暮年，壮心不已'。"党和政府对张静吾很信任，任命他为河南医学院副院长，又被选为河南省政协常委、民盟河南省副主委、中华医学会河南分会常务理事。虽为八旬老人，但他对各项工作不懈努力，尽职尽责，为河南医学教育呕心沥血，提出许多有价值的意见和建议。

1980年，他在院务会议上提出要全面提高学生的外文水平，培养学生具备阅读专业外文书、翻译外文资料的能力，以达学习和引进国外先进技术之目的。

1981年，他深入教学第一线，陆续听了十几位教授的课，针对了解到的问题，1982年在院务会议上提出教学方法一定要改革，并上书党委，提出了提高教师素质的具体措施。

1983年元月，张静吾向学校提交万余字的"关于河南医学院开创新局面的若干建议"，凝聚着他长期从事医学教育的经验和主张。其要点为：重视临床教学、改革教学方法，开设医学史课和社会科学课程等，为河医的发展做出了重要贡献。

1981 年至 1983 年间,张静吾教授还兼任《河南医学院学报》主编和河南医学院院史志主编。

作为省政协常委,张静吾教授对全省教育发展提出不少建设性意见。不少已被领导部门采纳,显示了张静吾教授关心教育事业的一颗赤诚之心。

耄耋之年,欣逢盛世,国家正奋发图强,革故鼎新,向着四个现代化迈进。张静吾教授为之献身的医学教育也有了他解放前梦想不到的发展。他常欣慰地说:"展望祖国前途似锦,可以乐愉晚年矣!"

1982 年河南出版社《中州名人录》

张静吾

——摘自《薪火集·河南大学学人传》

张振江

　　张静吾(1900—1998)，学名张凝，1956 年被定为二级教授，著名医学教育家。1900 年出生于河南省巩县(今巩义市)。幼入私塾，博览四书五经。10 岁时，曾在巩县高等小学堂学习英语语言文学课，对外语学习产生了浓厚的兴趣。1913 年，考入河南留学欧美预备学校德文科，五年毕业。在预校期间曾积极参加新文化运动，反对北洋军阀政府推行的复古主义。1919 年，公费留学日本，攻读医学。在日本东京期间，他参加了中国留学生声援"五四"爱国运动的游行示威，愤怒声讨驻日公使章宗祥的卖国罪行。

　　1920 年，张静吾离开日本，到上海同济大学医学基础部插班学习，次年冬毕业，成绩在同届学生中名列前茅，被授予医学学士学位。1922 年夏，留学德国哥廷根大学医学院，潜心攻读外科、妇产科、病理解剖、临床应用等课程。1925 年，转慕尼黑大学深造，并到莱比锡、柏林等地听世界著名的胸腔外科、内科、妇产科教授的讲演。不久，他又重返哥廷根大学，通过了 12 门课程的毕业考试和毕业答辩，获医学博士学位，德国一位在世界知名度很高的神经病学教授舒尔茨赞赏他的才华，再三要求他留在德国做自己的助手，但他出于对祖国医学事业的热爱而婉言谢绝。1926 年，他终于踏上了回归祖国的道路。

　　在德国留学的四年半期间，张静吾和校友武剑西以及孙炳文，结识了无产阶级革命家朱德，政治思想上受朱德的深刻影响。上海五卅惨案发生后，他积极参加中国留德学生的示威游行和抗议集会,并在会上痛斥日、英帝国主义的罪行。朱德对他慷慨激昂的发言给予高度赞扬。此外,他还在德国共产党人召集的"布朗斯维希"和"斯图加特"群众大会上,用流利的德语发表反帝爱国演讲,深受德国共产党人的欢迎。他在德国的这些进步活动,表现了一名中国知识分子热爱祖国、反对帝国主义的可贵精神。

1927年,他在第一次国内革命战争中自告奋勇参加了国民革命军,并担任北伐军第二军总指挥部医院副院长。北伐战争胜利后,他在北京一家德国医院任职,又曾在北平医学院做德文翻译,并兼任北师大生物系生理学讲师。1931年,张静吾被聘为河北医学院教授兼内科主任医师。在此期间,他以极大的热情改进教学方法,采用演讲和示教并用的声像教学法。并联系基础知识提出问题,启发学生思考,受到教师的广泛赞扬和学生的普遍好评。

1934年夏,河南大学校长张仲鲁聘请张静吾教授任河大医学院院长。他欣然受命,回到阔别16年的母校,以全副精力投入河南大学医学专业的建设。张静吾首先将河大的附属医院扩充,增建约2000平方米的门诊房,内设诊查、药房、化验、X光室及理疗室,使学生有了比较完备的实习场所。其次,他亲自选送八名助教到上海同济大学医学院和北平医学院进修,并以重金聘来耳鼻喉科教授。同时,他亲赴南京,几经斡旋,向中央庚款委员会请准补助费15万元,购置了一批教学仪器和图书资料,并建起可容纳120张病床的病房楼,改善了河大医学院的教学科研条件。张静吾任河大医学院院长三年,为发展河南大学脚踏实地地做了许多有益的工作。

1937年,张静吾应聘为上海同济大学教授。日本侵华的"八一三"事件发生后,他立即办起同济大学临时伤兵医院,支援中国军队抗日。同年9月,同济大学承办军政部第五重伤医院,张静吾任院长,一个月内就收容重伤号600余人。同时,他还帮助母校河南大学承办了军政部第十一重伤医院(全国高校共承办12所重伤医院),提高了河南大学医学院的地位和知名度。1940年年初,张静吾赴贵州安顺军医学校(即后来的"国防医学院")任内科主任、附属医院院长,三年当中他亲自培养100余名军医,为抗日战争输送了一批医学人才。1943年冬，张静吾应邀重回母校国立河南大学任教授、医学院院长。当时，河南大学处在流亡办学期间，校址迁移豫西嵩县，师生中普遍存在惶惶不安的情绪，他就职后便鼓励师生振奋精神搞好教学，并针对山区缺医少药的状况，尽力增扩附属医院。他不辞劳苦，亲自为患者诊病治疗，甚至在汽灯下做外科手术。他与河南大学医学院的教师以辛勤的汗水赢得了群众的信赖，与山区人民建立了水乳交融的亲密关系。

1944年5月，日寇向豫西扫荡，逼近嵩县潭头，河南大学师生来不及撤退，酿成"五一五"惨案，十余名教职工惨遭杀害。张静吾被俘，其妻吴芝蕙死于日寇屠刀之下，侄儿张宏中也被刺成重伤，在押解途中，张静吾趁敌不备跳入深沟，幸得脱险。为给侄儿治伤，张静吾只得暂时离开河大，迁居西安。1945年冬，河南大学返回开封原址，张静吾教授第三次被聘任为河大医学院院长。他殚精竭虑，昼夜奔走，多方募集经费，努力恢复学院。台湾出版的《国立河南大学》校史资料，对张静吾力图发展医学院作了如实的记述："复员后之河大医学院，仍由张静吾博士主持，力图发展，并有河南救济公署之支持，一切进展，甚为神速，举凡图书之添购，仪器之增设，各学馆之充实，均在逐渐完成……关于附属医院之筹设，张静吾先生全力以赴。附属医院仍以战前原址，大加整修，举凡医院设置，均为张院长亲自主持设计……后为便于民众就诊计，特于开封最繁盛之鼓楼街产校内，增设门诊部，由张静吾先生在此主持内科门诊。由于医师优良，诊断正确，求诊者络绎而来，病房经常客满，在当时极负盛誉。"河南大学医学院的教学科研面貌由于张静吾的倾心竭力为之大变，当时聘有教授17人，副教授5人，讲师、助教26人，招收学生250人，建有病理学馆、解剖学馆、药理学馆、细菌学馆，附设高级助产学校、护士学校、附属医院。

新中国成立初期，张静吾任河大医学院附属医院院长。1950年，他接受学校重托赴上海聘请教授。由于他已经从事医学高等教育二十多年，德高望重，在上海医学教育界及各地高校的同学、同事中都有很高的声望。领命后，他日夜兼程，奔波于上海、南通等地，通过多方周旋协商，仅一个月便发出15份聘书，其中应聘医学院教授、副教授为多，余为农学院、理学院、文学院教授。同时,他又向上海医学院借聘了几位教授来河南大学短期工作,从而壮大了河南大学的师资队伍。1956 年,张静吾任河南医学院副院长,次年被错划成右派,受到极不公正的待遇。1958 年,医学院迁郑州,他被分配到附属医院门诊部工作。"文化大革命"中又遭到无情的批斗。但他从未消沉,在逆境中仍著书立说,为祖国的医学事业做出了新贡献。从 1974 年春开始,他主要从事医学翻译及医学资料的编辑工作,并著有《内科学讲义》《临床神经病学》,译著有《临床神经病学基础》《神经病学教科书》等。

1979 年,张静吾重新担任河南医学院副院长,还当选为河南省政协常委、民盟河南省副主任委员、中华医学会河南分会常务理事。作为一名杰出的医学教育家,张静吾先生在河南大学求学 5 年、执教 18 年,又在河南医科大学执教 40 年。为医学高等教育的发展做出了杰出的贡献。

《薪火集·河南大学学人传》
河南大学出版社,2002 年版

后 记

2024 年是父亲张静吾先生诞辰 124 周年,出版此书是为完成其夙愿,为他出版九十年沧桑人生之完整的真实记载。因在此之前,河南省政协文史资料研究委员会曾出版过他的《五十年沧桑》,即 1900 年至 1950 年。

在收集和编纂此书的过程中,曾得到多位海内外友人和亲人的大力赞助。尤其要感谢下列各位:美西河南同乡会在其杂志"豫洛之声"为张静吾传记作了连载,其主编翟平安先生曾给了此书珍贵的建议并提供了极有价值的历史资料;父亲生前同仁好友,河南大学法学院院长方镇中之女方西峰积极为此书联系出版社并提供重要参考资料;著名作家李铁城先生给予此书大力协助并精心编排;全国著名眼科专家、河南医学院教授张效房及河南医学院毕业生、美国医学博士李光辉先生热情为此书撰写文章并积极赞助。

本书基于父亲《九十年沧桑》自传原文增加了附录相关文章,编辑成书。书中所涉及各个历史事件及人物,大都为父亲亲自经历。由于年代久远,我们无法一一考证。编者及责任编辑仅作文字上的修改,增删和编纂。若有任何不妥之处,敬请读者谅解。